Lernkrimi Italienisch

CONGIURA VENEZIANA

Alina Smith

Compact Verlag

Bisher sind in dieser Reihe erschienen:
- Compact Lernkrimi Englisch, Französisch, Italienisch, Spanisch: Grundwortschatz, Aufbauwortschatz, Grammatik, Konversation
- Compact Lernkrimi Kurzkrimis: Englisch, Französisch, Spanisch
- Compact Lernkrimi Englisch GB/US: Grammatik, Konversation
- Compact Lernkrimi Business English: Wortschatz, Konversation
- Compact Lernkrimi Deutsch: Grundwortschatz, Grammatik

In der Reihe Schüler-Lernkrimi sind erschienen:
- Compact Schüler-Lernkrimi Englisch, Französisch, Spanisch, Latein
- Compact Schüler-Lernkrimi Deutsch: Grammatik, Aufsatz
- Compact Schüler-Lernkrimi Mathematik, Physik

In der Reihe Lernthriller sind erschienen:
- Compact Lernthriller Englisch: Grundwortschatz, Aufbauwortschatz, Grammatik, Konversation

In der Reihe Lernstory Mystery sind erschienen:
- Compact Lernstory Mystery Englisch: Grundwortschatz, Aufbauwortschatz

In der Reihe Lernkrimi History sind erschienen:
- Compact Lernkrimi English History: Grundwortschatz, Aufbauwortschatz, Grammatik, Konversation

In der Reihe Hörbuch Lernkrimi sind erschienen:
- Compact Hörbuch Lernkrimi Englisch: Mittleres Sprachniveau, Fortgeschrittene

Weitere Titel sind in Vorbereitung.

© 2007 Compact Verlag München
Alle Rechte vorbehalten. Nachdruck, auch auszugsweise,
nur mit ausdrücklicher Genehmigung des Verlages gestattet.
Chefredaktion: Dr. Angela Sendlinger
Redaktion: Christine Tuth
Fachredaktion: Marta Fischer
Produktion: Wolfram Friedrich
Titelillustration: Karl Knospe
Typographischer Entwurf: Maria Seidel
Umschlaggestaltung: Carsten Abelbeck

ISBN 978-3-8174-7624-4
7276243

Besuchen Sie uns im Internet: www.compactverlag.de, www.lernkrimi.de

Vorwort

Mit dem neuen, spannenden Compact Lernkrimi können Sie Ihre Italienischkenntnisse auf schnelle und einfache Weise vertiefen, auffrischen und überprüfen.
Kommissarin Rosa Nicoletti erleichtert das Sprachtraining mit Action und Humor. Sie und ihre mysteriösen Kriminalfälle stehen im Mittelpunkt einer zusammenhängenden Story.
Der Krimi wird auf jeder Seite durch abwechslungsreiche und kurzweilige Übungen ergänzt, die das Lernen unterhaltsam und spannend machen.
Prüfen Sie Ihr Italienisch in Lückentexten, Zuordnungs- und Übersetzungsaufgaben, in Buchstabenspielen und Kreuzworträtseln!
Ob im Bus oder in der Bahn, im Wartezimmer, zu Hause oder in der Mittagspause – das Sprachtraining im handlichen Format bietet die ideale Trainingsmöglichkeit für zwischendurch.
Schreiben Sie die Lösungen einfach ins Buch!
Die richtigen Antworten sind in einem eigenen Lösungsteil zusammengefasst.

Und nun kann die Spannung beginnen ...

Viel Spaß und Erfolg!

Die Ereignisse und die handelnden Personen in diesem Buch sind frei erfunden. Etwaige Ähnlichkeiten mit tatsächlichen Ereignissen oder lebenden Personen wären rein zufällig und unbeabsichtigt.

Inhalt

Lernkrimi 5
Abschlusstest 134
Lösungen 140

Story

Kommissarin Rosa Nicoletti ist in Venedig eine von allen Verbrechern gefürchtete Kriminalistin. Sie wird von der Polizei immer dann eingesetzt, wenn alle anderen Ermittler vor unlösbaren Rätseln stehen und Verbrecher ihr undurchsichtiges Spiel treiben.

Models, Ruhm und Geld umgeben die Welt des bekannten venezianischen Stoffhändlers Rosato Gatti, der nach dem Besuch einer Modenschau des bekannten Designers Foratti in Mailand spurlos verschwindet. Seine sehr junge und ebenso schöne Frau Sara gibt nach einer schlaflosen Nacht Vermisstenanzeige auf. Rosa Nicoletti wird beauftragt, der Sache auf den Grund zu gehen und nimmt das nächste Flugzeug nach Mailand, wo sie sich in einer Welt von Glanz und Glamour zurechtfinden muss, in der Schein weit mehr zählt als Sein und schmutzige Intrigen, Neid und Eifersucht zwischen Models, Modefotografen und Designern auf der Tagesordnung stehen.
Doch Rosa Nicoletti und ihr treuer Helfer und Verehrer Ludovico Lombardo ruhen nicht, ehe sie dem mysteriösen Verschwinden des Stoffhändlers auf den Grund gegangen sind. Die Spur führt sie nicht nur zu Gattis Geliebter Muriel, sondern auch zu der atemberaubend schönen Schwedin Raifa, auf die der Stoffhändler schon länger ein Auge geworfen hatte …

La modella incedeva altera, leggera come una gatta. Ancheggiò sinuosa fino al limite della passerella, fasciata in un abito a tunica rosso che le scivolava leggero sul corpo filiforme. Dopo il flash di un fotografo, si voltò con uno scatto fulmineo sugli altissimi tacchi a spillo.
Lanciò uno sguardo felino a Rosato Gatti, che stava contemplando dalla prima fila della platea l'effetto della sua bellissima stoffa su quel corpo altrettanto stupefacente.
Fissò la modella fino al termine della sfilata, scrutandola da capo a piedi a partire dal profilo delle sue caviglie da gazzella.
"Che ne pensa del vestito? È venuto bene, vero?" gli chiese lo stilista, sbirciando con i suoi occhi azzurri da sotto i pesanti occhiali neri da sole.
"Non c'è dubbio che il capo sia stupendo, come il corpo che lo indossa!" rispose Gatti, che intanto sentiva una vampata di calore salire dallo stomaco.
"Rosato, sai che io ho altri gusti… Sono contento comunque che ti piaccia la mia collezione."
"Non c'è dubbio! So che tu fai sempre buon uso delle mie stoffe. In fondo sei uno degli stilisti più famosi di tutta Italia!"
Rubino Foratti continuava a non staccare lo sguardo dalla passerella, felice del risultato, ma ancora piuttosto nervoso.
Indossava un paio di jeans e una T-shirt bianca. Stentava quasi a sentire le sue parole, tanto la musica era alta.
Picchiettava nervosamente con le dita sulla sedia.
"Scusa Rosato, ma devo andare dietro le quinte a prepararmi per la passerella con le modelle. Sono venuto solo un momento a salutarti! Ero curioso di vedere la tua reazione all'uscita di Raifa con quella stoffa preziosa che mi è costata un capitale!"
"Ne è valsa la pena, comunque!"
"Hai ragione! A dopo!"

Foratti si allontanò per rientrare una ventina di minuti dopo a sfilare tra gli applausi del pubblico e gli scatti dei fotografi.

"Grazie! Grazie!" urlò dall'alto della passerella.

Le modelle gli si stringevano intorno e lo baciavano sulle guance, conquistate dall'euforia dei clienti.

Dopo aver raccolto gli applausi ed essersi quasi commosso, Foratti simulò una lacrima, tirando fuori dal taschino un fazzoletto bianco. Si ritirò poi lentamente dietro le quinte.

Sapeva di avere rischiato, dato che era stato uno dei pochi, anzi forse l'unico stilista, a proporre i pantaloni anche per quella stagione.

Tutti avevano puntato sulla tendenza del momento: le gonne. Lunghe, corte, a pieghe, a fiori o a quadretti, in tinta unita e multicolori erano state le protagoniste indiscusse delle sfilate milanesi.

Foratti era famoso sulla scena mondiale per la sua stravaganza e per aver dimostrato più di una volta di volersi distinguere. Anche in questa occasione aveva prediletto il rosso, quando tutti avevano puntato sul classico nero per la sera o sul bianco e i colori pastello per il giorno.

Übung 1: Wie lautet die weibliche Form und die Pluralform der folgenden Berufe?

1. modello

2. stilista

3. segretario

4. parucchiere

5. truccatore

Dopo i continui applausi alla presentazione dell'ultimo vestito da sera, Foratti aveva capito di avere avuto ragione ancora una volta. Il suo modello terminava con una gonna lunga fino alle caviglie, che seguiva leggera il movimento delle gambe. Aveva una tinta che sfumava dal rosso intenso allo scarlatto, esaltata da una profonda scollatura sulla schiena, in grado di mettere in mostra la bellissima pelle color cioccolato della modella, che si muoveva a ritmo di musica con l'andatura di una pantera.

Foratti era stato capace di lasciare tutti senza fiato, perfino i giornalisti di moda, che talvolta sapevano essere velenosamente critici. "Nella vita vince chi rischia!" si disse convinto. Questo motto, in cui credeva seriamente, aveva segnato tutta la sua esistenza e gli aveva portato molta fortuna.

Se lo ripeteva meccanicamente alla fine di ogni sfilata o di ogni momento importante, quasi come un gesto scaramantico.

C'erano stati momenti in cui, ridotto quasi sul lastrico a causa dei costi proibitivi delle stoffe che sceglieva per i suoi capi, Foratti aveva creduto di non farcela ad andare avanti, ma aveva sempre tenuto duro. E la vita lo aveva premiato.

Prima di andarsene, anche questa volta, come era suo rito, non si era dimenticato di ringraziare con un profondo inchino i giornalisti, i fotografi e il pubblico in sala, oltre che tutti gli ospiti presenti, famosi e non.

In fondo Foratti sapeva fin troppo bene che il successo delle sue creazioni dipendeva soprattutto da loro.

La commozione non l'aveva del tutto simulata, in parte era rimasto profondamente colpito dal calore e dall'apprezzamento dimostrato per il suo lavoro, dato che stavolta non era certo di quali sarebbero state le reazioni, davanti a una presa di posizione così diversa rispetto agli altri stilisti.

Sapeva in ogni caso come stare alle regole del gioco.

Foratti era da sempre un maestro nel giostrarsi tra la sua clientela e la sua creatività. Inoltre sapeva come fare per non suscitare troppa invidia tra i colleghi.

Era un personaggio amato: tutti lo rispettavano e lo stimavano.

L'indomani avrebbe probabilmente conquistato le pagine dei maggiori quotidiani, come protagonista indiscusso della nuova stagione.

"Che attore!" pensò Rosato Gatti, che aveva intanto pensieri più profani. Non riusciva a smettere di guardare le gambe di quella fotomodella.

La stava ancora osservando mentre, tra le compagne, lei si allontanava dalla scena.

Sembrava abbastanza timida per quel lavoro. Sicuramente era poco arrogante e sfrontata.

Lo si vedeva da come si muoveva. Bene, naturalmente, ma non ancora del tutto a suo agio. Forse era proprio questo il fascino che aveva coinvolto Gatti.

Quella ragazza aveva una semplicità disarmante a cui era difficile resistere.

Gatti aveva notato che molti flash dei fotografi si erano diretti proprio verso di lei.

"Dev'essere una nuova…" si disse. Non l'aveva mai vista prima.

La sfilata era stata un vero successo. All'uscita Gatti notò che tutti ne stavano già parlando.

"Hai visto quella camicia rossa?" sentì dire a una signora che si stringeva addosso una giacca di velluto viola.

"Certo, devo ammettere che proporre un colore del genere per andare in ufficio è un po' azzardato… E poi immagino gli occhi del mio capo se mi vedesse con tutti quei tagli sulle spalle…" le fece eco l'amica, una donna robusta con indosso un tailleur marrone che le stringeva sui fianchi. Era il tipico esempio di dama da salotto milanese, anche se l'atteggiamento gli ricordava più l'ambiente provinciale di Monza.

Era molto elegante, ma piuttosto rozza nei modi. Agitava freneticamente le mani mentre parlava, tanto che a un certo punto colpì Gatti a una spalla.

"Mi scusi… Le ho fatto male?" gli disse rendendo la situazione ancora più sgradevole.

"Non si preoccupi, tutto a posto…" le rispose Gatti infastidito.

"Augusta, Augusta, ma che stai facendo? Vieni qui…" la riprese l'altra donna.

La tirò per un braccio e l'avvicinò a sé.

Intanto tutti si accalcavano verso l'uscita.

Gatti si trovò chiuso tra due muri di gente. Guardò insicuro dietro le quinte…

Questa volta Foratti, forse per avere più pubblico, aveva preferito non organizzare la sfilata nel suo atelier, ma nello spazio della Fiera, dove di solito si svolgevano tutti i grandi eventi della moda.

In quel periodo a Milano c'era la "settimana della moda". Tutta la città era in fermento, coinvolta in una serie di manifestazioni dedicate all'abbigliamento e ai suoi protagonisti: modelle e stilisti, ma anche tanti attori e star.

Quell'anno il Comune si era proposto di far rivivere di un'atmosfera tutta particolare strade, piazze, cortili, musei, spazi per mostre, show-room, aziende, gallerie d'arte, perché tutti potessero percepire che la moda non è solo un mondo vacuo, ma una forma d'arte, di cultura, di creatività declinata in mille sfumature e spesso ai massimi livelli.

La moda era da sempre il principale motore di sviluppo economico, occupazionale e urbanistico della città.

Milano non sarebbe probabilmente mai stata tale senza questo mercato. Negli ultimi anni si era cercato però di rendere partecipi anche il mondo culturale e quello intellettuale, dando molto spazio a eventi, mostre e alla fantasia di artisti e nuovi designer.

L'operazione era riuscita bene, visto che Gatti non ricordava da tempo una Milano così bella.

Non si spiegava come, ma dopo la sfilata si sentiva sulla pelle una strana euforia, anche se non aveva alcun motivo particolare per essere felice.

Continuava a pensare alla ragazza sconosciuta che aveva visto per un attimo sulla passerella.

In fondo per lui la vita era sempre stata una collezione di momenti.

A volte aveva pensato che la sua intera esistenza non fosse che un puzzle di tanti piccoli frammenti, che era riuscito a mettere insieme con infinita cautela.

Sarebbe bastato un solo colpo di vento, un unico movimento per distruggere tutto e ritornare alla confusione di partenza.

Rosato Gatti per gli altri era un uomo forte e sicuro.

Dentro di sé celava invece una profonda fragilità e un lato oscuro, un'ombra che poteva essere talvolta difficile da dominare. Doveva combattere la costante angoscia di perdere in un istante e per sempre il filo conduttore della sua vita.

Aveva raggiunto tutto quello che poteva avere, il successo, l'amore, il denaro, ma qualcosa gli mancava.

Non riusciva a essere pienamente felice.

A questo pensiero gli si strinse lo stomaco. L'euforia si tramutò in un senso di inquietudine.

Aveva bisogno di respirare. Si sentiva come se stesse andando alla deriva, una sensazione simile a quella di chi ha il mal di mare in barca. Non sopportava più la calca, i volti estranei che gli sfilavano davanti agli occhi senza fine.

Si sedette per un minuto da solo, scrutando di nuovo dietro la passerella, quasi alla ricerca disperata di un'ancora a cui aggrapparsi.

Übung 2: In welcher italienischen Region befinden sich die folgenden Städte?

1. Venezia si trova nel _____.

2. Roma si trova nel _____.

3. Cagliari si trova in _____.

4. Palermo si trova in _____.

5. Firenze si trova in _____.

6. Milano si trova in _____.

7. Torino si trova in _____.

8. Trieste si trova in _____.

9. Bolzano si trova in _____.

10. Bologna si trova in _____.

Rosato Gatti era partito la mattina precedente da Venezia per Milano, dove si svolgevano le sfilate della collezione autunno-inverno.

Lo invitavano spesso a partecipare agli eventi più importanti del mondo della moda, dato che era uno dei maggiori commercianti italiani di stoffe.

I suoi prodotti avevano solcato l'oceano, da Milano a Parigi, fino a New York. Tutti gli stilisti più quotati li volevano.

La famiglia Gatti, del resto, vantava una tradizione che si perdeva nella notte dei tempi.

A Venezia esistevano da sempre alcuni tra gli artigiani migliori di tutto il mondo.

Broccati, damaschi e tessuti, simbolo della propensione di questa città al lusso e allo splendore, si producevano fin dal XIV secolo.

Venivano utilizzati non solo per capi di abbigliamento, ma perfino per decorare i preziosi palazzi del centro storico o per le sfarzose ville sulla terraferma, dove i nobili veneziani usavano andare a trascorrere le vacanze estive.

Gatti sapeva di avere alcuni concorrenti spietati in questo campo.

C'erano leggendarie botteghe, come quella dei Rubelli, vicino alla Chiesa della Madonna dell'Orto o quella dei Fortuny alla Giudecca. C'erano poi i Bevilacqua a Santa Croce, con tessitrici che utilizzavano ancora i telai Jacquard, vecchi di almeno 250 anni, con i contrappesi in pietra.

Übung 3: Übersetzen Sie!

1. pantaloni/calzoni _____
2. taglia _____
3. vestito _____
4. gonna _____
5. manica _____
6. abbigliamento _____
7. borsetta _____
8. calze _____
9. calzino _____
10. camicia _____
11. giacca _____
12. cravatta _____

13. scarpa

Gatti sapeva bene che ci voleva un'intera giornata per realizzare una pezza intessuta di fili d'oro o di altri ricami preziosi.
Quelle stoffe si vendevano a più di 300 euro al metro e, a volte, era rischioso produrre troppo materiale del genere, perché la concorrenza dei telai automatici era spietata.
I Gatti avevano ancora una bottega artigianale nei pressi di Rialto, ma anche loro, come molti altri in Italia e in tutto il mondo, avevano aperto uno stabilimento in Cina, per tagliare i costi di produzione.
Le stoffe che venivano prodotte manualmente a Venezia erano però le più ricercate.
A volte Gatti aveva pensato di aggiungervi i tipici merletti veneziani, per renderle ancora più preziose.
Fin da bambino, quando suo padre lo portava a vedere le tessitrici al lavoro e gli mostrava la qualità e la morbidezza di alcuni tessuti, Gatti era stato attirato dalla fattura di tovaglie o tende, così belle da parere un gioco di arabeschi.
Gatti era un sognatore. Già allora si perdeva a fantasticare. Aveva letto un libro sulle avventure di Marco Polo e aveva immaginato di fare l'esploratore da grande.
Il suo lavoro adesso non si poteva dire molto diverso, dato che girava il mondo alla ricerca di idee e di materiali sempre più nuovi, originali e preziosi.
Questa sua curiosità l'aveva condotto a realizzare alcune tra le stoffe più belle al mondo.
Per un periodo aveva vissuto a New York, ma non era riuscito ad adattarsi alla cultura americana. Quell'immensa città, che era stata capace di conquistare artisti e creativi di tutto il mondo, seppur bellissima e stimolante, a lui risultava troppo dispersiva.
Si sentiva sempre solo anche quando era in compagnia.

Gli pareva che i rapporti rimanessero a un livello abbastanza superficiale. Tutti pensavano a lavorare, erano costantemente ed estremamente "busy", molto molto impegnati.

E pareva quasi che a New York non essere preso dal lavoro o avere un po' di tempo a disposizione fosse un delitto. Ti guardavano quasi come se venissi da un altro pianeta.

Preferiva per questo la cultura italiana. Lo faceva sentire più a proprio agio.

La mentalità latina era di sicuro più vicina al suo modo di essere di quella anglosassone.

Era un grande lavoratore, nessuno lo metteva in dubbio, ma sapeva anche come godersi la vita.

"Questi americani lavorano troppo!" si ripeteva quando viveva nella Grande Mela, in un bell'appartamento nell'Upper West Side, a pochi passi dal Central Park.

Nei primi mesi se l'era solo detto, ma aveva cercato di adattarsi al ritmo della città. Nel tentativo di simulare una sorta di vita familiare e casalinga aveva perfino diviso l'appartamento con una bellissima fotomodella boliviana, che sembrava essere più legata alla sua carta di credito che a lui.

Gatti poteva girare ogni angolo del mondo, sentirsi bene ovunque per un certo periodo, ma alla fine restava legato alla sua terra, a Venezia e alle sue isole.

Gli mancava quell'aria salmastra tipica della sua amata laguna, quando stava lontano per troppo tempo, e perfino l'aspro odore, quasi chimico, dei canali di Venezia, che non era certo piacevole.

Ma lui Venezia l'aveva nel sangue. Non poteva farci nulla.

Anche nel suo lavoro era così: la sua produzione era un frammentario insieme di voglia di migliorare sempre in un'unica direzione. Lasciava spazio a nuove suggestioni, ma al tempo stesso era legato

alle profonde radici della tradizione, che non doveva mai essere dimenticata.
Nel lavoro come nella vita privata.

Übung 4: Welche Tageszeiten sind gemeint? Setzen Sie ein!

1. La prima parte della giornata si chiama _____.

2. Dopo l'ora di pranzo la giornata si chiama _____.

3. Verso le 17 il giorno evolve verso la _____.

4. Dopo il tramonto arriva la _____.

Gatti aveva studiato addirittura la storia veneziana per dare nuovo impulso alla sua attività.
Aveva scoperto così che in passato le ricamatrici più brave erano le mogli povere dei pescatori o le monache di Burano, Pellestrina e Chioggia. Munite di ago e filo erano capaci di creare autentici capolavori.
Ormai Burano era diventata l'isola dove si concentrava la maggiore produzione di questo tipo di manufatti, affermata specialità tessile veneziana.
Erano diventati anche il souvenir prediletto di molti turisti.
Gatti aveva imparato a riconoscere la vera qualità dalla paccottiglia.
A volte si lasciava ispirare da alcune botteghe in Piazza San Marco, che osavano sperimentare o vendevano i prodotti dei suoi acerrimi concorrenti.
Nella maggior parte dei casi, però, si recava di persona a Burano.
Cercava di scoprire nuovi talenti, donne di abile manualità, che spesso assumeva poi nella sua bottega.

Per quanto riguardava la produzione delle stoffe, non si lasciava mai scappare suggestioni esotiche, anche dalla Cina e dall'Oriente, proprio come avevano fatto i suoi antenati.

I veneziani erano stati sempre grandissimi viaggiatori e abili marinai. Gatti non si sentiva da meno. Adesso era un uomo adulto, ma non aveva mai dimenticato i suoi sogni.

"Che cos'è in fondo un uomo senza sogni?" si ripeteva spesso, soprattutto nei momenti in cui i costi di produzione erano così alti da rendere improbabile un guadagno.

Nel complesso, la sua attività andava comunque molto bene, addirittura meglio che ai tempi di suo padre, che pure era stato un grande imprenditore.

Übung 5: Wie lautet die Pluralform der folgenden Wörter?

1. ago _____

2. filo _____

3. bottone _____

4. stoffa _____

5. tela _____

6. telaio _____

7. merletto _____

8. pizzo _____

Le scelte di vita di Gatti si riflettevano perfino nella sua casa, specchio della sua anima.

Anche qui aveva fatto riferimento alla tradizione.

Aveva restaurato un bellissimo palazzo sul Canal Grande e lo aveva abbellito di broccati, come si usava un tempo, a cui aveva mescolato qualche oggetto di design di vetro di Murano.

L'effetto era abbastanza originale. Il vecchio e il nuovo insieme, invece di stonare, avevano creato un connubio piacevole per gli occhi. Lo stridente contrasto si era fatto estetica artistica.

Il palazzo lo aveva ereditato dal padre e vi si era trasferito con la giovane moglie, dopo che i suoi genitori erano venuti a mancare uno dopo l'altro. Sua madre se n'era andata per un cancro al seno che si era improvvisamente diffuso in tutto il corpo. Suo padre l'aveva seguita solo tre mesi dopo, a causa di un attacco cardiaco.

L'avevano trovato sulla barca con cui era andato a pescare in laguna, dopo essersi preoccupati perché non lo vedevano rientrare verso sera.

I genitori di Gatti erano stati sempre molto legati. Si erano incontrati ai tempi del liceo. Avevano studiato insieme all'università, entrambi Economia e commercio a Ca' Foscari.

Subito dopo sua madre si era dedicata alla casa e alla famiglia, aiutando il padre con la contabilità e nella gestione del suo grande impero commerciale.

Sua madre e suo padre avevano un rapporto molto diverso da quello che aveva lui con la moglie. Erano stati praticamente un'anima e un solo pensiero, pur essendo due esseri distinti.

Le insicurezze e l'apprensione di lui erano mitigate dal carattere più tranquillo e deciso di lei. Gatti li aveva sempre invidiati per questo loro rapporto, da cui lui a volte, figlio unico, si era sentito quasi escluso.

Aveva sempre creduto che solo quando le persone si conoscono giovanissime sono in grado di instaurare una relazione di intimità e confidenze, di fiducia e rispetto così profonda.

La sua vita aveva imboccato altre strade.

Sara, sua moglie, aveva 25 anni meno di lui. L'aveva conosciuta durante uno dei suoi viaggi a Burano. Aveva solo 18 anni quando l'aveva vista per la prima volta.

Era appena tornata dall'Università Ca' Foscari, dove studiava Filosofia. Era una giornata afosa di agosto. Lei indossava un vestitino a fiori rossi, fatto quasi a sottoveste, che lasciava trasparire le sinuosità del corpo.

Rosato era stato attirato dai suoi occhi da cerbiatta di taglio perfetto e dalla pelle bianchissima del suo viso, punteggiata sulle guance da un accenno di lentiggini.

Sara lo aveva superato muovendosi veloce e mettendo in mostra, passo dopo passo, le sue gambe lunghissime.

Per un solo attimo i loro sguardi si erano incrociati.

Lei si era voltata proprio un momento prima di superarlo. Gli aveva sorriso, scostando dal volto i sottili capelli neri come il carbone.

Sara era altissima. Aveva il fisico di una modella, ma era formosa come una statua.

Rosato non aveva potuto resistere al suo fascino.

Come stordito, l'aveva seguita fino alla bottega della madre, che era una famosa ricamatrice ormai piuttosto anziana. Sara era l'ultima delle sue quattro figlie, ma nonostante l'età lei aveva mantenuto ancora un certo stile ed eleganza.

Rosato aveva sposato Sara solo tre mesi dopo.

Non era stato troppo difficile conquistarla. O forse era lei che aveva scelto lui.

Chissà perché, ma quel giorno, quando lasciò casa sua per Milano, pensò proprio al suo primo incontro con Sara.

La baciò sulla fronte come usava fare di solito.

Lei era ancora nel letto semiaddormentata.

Gli sorrise leggermente, tirando il lenzuolo sul viso per riparare gli occhi dalla luce che cominciava a invadere la stanza.

Gatti portò via con sé l'immagine dolcissima di sua moglie, quasi come un'istantanea appena scattata, fino alla porta, che chiuse dietro di sé prima di scendere le scale verso il canale.

Lo aspettava un motoscafo che l'avrebbe condotto direttamente all'aeroporto.

Per tutto il viaggio in barca, Gatti ripensò con una certa malinconia al suo matrimonio.

Ebbe anche la tentazione di tornare un paio di volte a casa, con l'angoscia di avere dimenticato qualcosa.

Ma non sapeva cosa.

Si chiese se Sara fosse felice con lui.

Lo sembrava, ma chi poteva veramente dirlo, in fondo?

Lei era stata sempre così: uguale a se stessa. Per tutto il tempo, per tutti gli anni in cui avevano vissuto insieme, in cui avevano diviso la camera da letto, in cui avevano trascorso i momenti di quotidianità in quel sottile gioco al massacro che può essere la vita.

Sara non gli aveva mostrato una sola sfumatura della sua anima, se non quella di una serenità che manteneva un superficiale, costante livello, un perfetto equilibrio che non conosceva un calando o un crescendo.

Sara era in uno stato di perfetta calma piatta.

Sapeva essere carica di passione, soprattutto nei momenti di intimità, ma poi cadeva nella passività con il trascorrere del giorno.

Sara, diversamente da lui, si lasciava vivere. Non era mai stata capace di grandi slanci, ma era una presenza costante nella sua vita.

Forse era stata la sua freddezza apparente, dominata dalla razionalità, ad attrarlo in principio.

Perché Sara era la donna che aveva scelto per il futuro, mentre le altre, tutte le altre, fidanzate o amanti che fossero, erano state ed erano le donne del presente.

Le donne del momento.

All'inizio Gatti non negava di essere stato attirato da Sara solo per il suo avvenente aspetto fisico, ma col tempo si era come abituato, era diventata parte di lui.

Gatti aveva bisogno dell'autonomia e della libertà che Sara gli concedeva, soprattutto dopo tanti anni di matrimonio.

Non era stato sempre così. Prima c'erano stati momenti in cui l'aveva voluta con sé, vicino a sé in ogni decisione.

Ora, da qualche tempo, le cose erano cambiate.

Lei restava comunque la parte costante della sua vita, la sicurezza che compensava il suo lato oscuro.

Il motoscafo prese una curva del canale a velocità così sostenuta che qualche goccia d'acqua raggiunse Gatti sul viso.

Lo risvegliò dai suoi pensieri.

Übung 6: Wie lautet der bestimmte Artikel? Setzen Sie ein!

1. ___ vestitino

2. ___ sottoveste

3. ___ biancheria intima

4. ___ reggiseno

5. ___ mutande

6. ___ boxer

7. ___ corpetto

Quel giorno il commissario Rosa Nicoletti si svegliò con la luna storta. Giuseppe era nervoso. C'era stata la luna piena e non era riuscito a dormire tutta la notte.

"Miaoooo!" sentì fare capolino dalla porta.

Giuseppe era sempre particolarmente attivo. Era un gatto giovane, lui.
Le si strusciò contro le gambe, in vena di coccole.
Era un soriano dal pelo sorprendentemente morbido e lungo. Doveva essere il frutto di un incrocio con un persiano.
Aveva occhi bellissimi, verdi con bagliori di giallo, che ammiccavano abbastanza sornioni, soprattutto quando si lasciava andare e faceva le fusa.
"Caro Giuseppe, cosa farei se non avessi te?" gli sussurrò all'orecchio Rosa prendendolo in braccio.
Giuseppe la ricambiò strofinandolesi addosso con la testa.
Si accoccolarono entrambi sul divano.
Rosa, che era ancora in vestaglia, guardò fuori dalla finestra, mentre le sue mani accarezzavano lentamente il dorso di Giuseppe.
Nella notte appena trascorsa la luna, quasi piena, aveva illuminato il cielo di una luce quasi artificiale.
Era stato davvero bellissimo vederla fare capolino tra i tetti delle case veneziane.
Rosa aveva una mansarda all'ultimo piano e godeva dalla sua finestra di uno splendido panorama su Venezia.
Anche lei, proprio come il suo amatissimo gatto, avvertiva una certa inquietudine in notti come quella.
Da brava criminologa, Rosa Nicoletti sapeva che i delitti più efferati avvenivano spesso proprio nelle notti di luna piena.
Aveva risolto i casi più difficili e intricati a Venezia, ma l'inquietudine non se ne andava mai. Ogni nuovo caso richiedeva per lei un uguale impegno, come se si trattasse sempre della prima volta.
"La luna è capace di fare uno strano effetto alla gente! Forse rende tutti un po' licantropi…" pensò tra sé.
"Non è che questa notte ti trasformi in un lupo mannaro, vero, Giuseppe?" lo sollevò in aria e gli strofinò forte il pelo.
"Brrrr… Bellissimo gatto!"

Giuseppe la fissava piuttosto infastidito.
Accennò anche a mostrare gli artigli, ma Rosa sapeva che aveva solo voglia di giocare.
Con i suoi grandi occhi verdi insolenti le ricordò il dovere.
Quando guardò l'orologio si rese conto che era già in ritardo.
"Purtroppo, caro Giuseppe, dobbiamo rimandare i nostri giochi a un altro giorno… Ma fai il tuo dovere, tu, mi raccomando! E tieni lontani i topi… Non so, ma ieri notte ho sentito uno strano rumore provenire dal tetto… Non vorrei che ricevessimo 'visite' nei prossimi giorni. Mi raccomando, fai onore alla tua figura di gatto e fa' capire ai topi che ci sei tu e che devono stare lontani!"

Übung 7: Was macht eine Katze? Unterstreichen Sie die passenden Wörter!

Un gatto …

fa le fusa	sbadiglia
abbaia	si strofina
si gratta	si accuccia
miagola	obbedisce
ringhia	va a spasso sui tetti
fa le feste	caccia i topi

Rosa era una donna coraggiosa. Era capace di sparare e aveva avuto a che fare con alcuni assassini molto pericolosi, ma non aveva ancora superato del tutto la fobia dei topi.
Erano animali che davvero non riusciva a tollerare.
Quella mattina, prima di andare al commissariato, si era data appuntamento con Lombardo per un caffè sulle Zattere.
Lombardo era il suo migliore amico, oltre che il suo vicino di casa.

Li legava una simpatia particolare, anche se, fino a quel momento, tra di loro non era ancora successo nulla.

Lombardo lavorava come professore di storia all'Università Ca' Foscari.

Rosa ripensò a quando si erano conosciuti.

Lui l'aveva incontrata sulle scale. Lei era appena caduta con le borse della spesa.

Lui l'aveva aiutata a rialzarsi e l'aveva accompagnata nel suo appartamento.

Si era sbucciata un ginocchio e lui era corso subito a prendere del cotone, dell'alcool e un paio di cerotti.

Quel giorno Rosa indossava un vestito a fiori dai colori pastello e non aveva le calze.

Ludovico, da allora in poi, le aveva detto che la ricordava sempre così. Una donna come tante, dall'aria fragile.

Non avrebbe mai immaginato che Rosa, in realtà, fosse un commissario di polizia.

Il suo ginocchio aveva cominciato subito a sanguinare e a gonfiarsi, mettendo in evidenza il livido.

Per una donna come Rosa quel graffio non significava nulla.

Lombardo si era molto preoccupato, invece.

Aveva tamponato e tamponato la ferita. Non si era dimostrato soddisfatto finché non vi aveva sistemato sopra due grossi cerotti.

Alla fine Rosa gli aveva preparato un caffè e avevano cominciato a parlare.

Rosa si mise inavvertitamente a sorridere ripensando a quel giorno.

Lombardo era stato molto gentile, ma era così tremendamente imbranato!

In quel momento Rosa riguardò automaticamente la sveglia. Era davvero tardi.

Si precipitò sotto la doccia.

Si lasciò sfuggire un urlo quando, tutta insaponata, avvertì sulla pelle che l'acqua non era abbastanza calda.
Ci doveva di nuovo essere un problema con la caldaia.
A Venezia, con le case vecchie di secoli, era sempre così!
A volte pareva che tutto cadesse a pezzi. Anche le prese della corrente potevano rivelarsi delle vere trappole.
Sorrise pensando a quella volta in cui l'asciugacapelli aveva smesso di funzionare dopo aver fatto una fiammata.
Era stato divertente, anche se per fortuna il fuoco non era riuscito a raggiungerla.
Stavolta con l'acqua le era andata meglio…

Übung 8: Was macht ein Hund? Unterstreichen Sie die passenden Wörter!

Un cane …

rosicchia l'osso	si strofina
abbaia	si accuccia
si gratta	obbedisce
miagola	vola
ringhia	caccia i topi
fa le feste	pigola
sbadiglia	fa la guardia
razzola	

Una volta pronta, Rosa scese le scale fino all'appartamento di Lombardo.
Bussò rumorosamente.
"Ludovico, sei pronto? Sei sicuro di voler andare fino alle Zattere? Il caffè lo possiamo bere anche a casa, se vuoi!"

"Ma no! Rosa, è una splendida giornata di sole e poi ci fa bene fare due passi! In fondo dopo passeremo tutta la giornata seduti a un tavolo, tu al commissariato e io all'università e alla Biblioteca Marciana, dove devo fare una ricerca. Devo passare anche alla libreria *La Toletta* stamane, che è vicino alle Zattere… Andiamo, non vedo l'ora di essere fuori, oggi!"

Übung 9: Verbinden Sie die passenden Paare!

1. Avere sette vite come un
2. Essere lenti come una
3. Essere testardi come un
4. Essere furbi come una
5. Essere affamati come un
6. Avere una lingua biforcuta come una
7. Essere viscido come un
8. Avere occhi da

a) volpe
b) lupo
c) gatto
d) mulo
e) lumaca
f) pesce lesso
g) vipera
h) serpente

"Per caso hai avuto problemi con la doccia?"
"Sai che preferisco fare il bagno, io…"
"L'hai fatto anche stamane?"
"Sì, mi sono riempito la vasca fino all'orlo con tantissima schiuma. L'acqua era caldissima, tanto che ho dovuto diluirla con quella fredda… Ma perché, tu hai avuto problemi?"
"In effetti, li ho avuti. Ora però credo di capire perché… Mi sa, caro Ludovico, che hai usato *tu* tutta l'acqua calda… Sono rimasta improvvisamente sotto l'acqua gelida…"
Lombardo arrossì, piuttosto imbarazzato. Era un gentiluomo e per lui era davvero insopportabile aver provocato un disagio così grande a una donna, soprattutto perché si trattava di Rosa.

"Cosa avrebbe pensato adesso di lui? Che era un egoista!" rifletté preoccupato.

"Oh Rosa… Non sai quanto mi dispiace… Non sapevo che le nostre caldaie fossero interdipendenti… Non sai quanto mi sento a disagio, ora…" le disse abbassando lo sguardo.

"Ludovico! Davvero, non preoccuparti. Non è colpa tua… Come lo potevi sapere? E poi in questo palazzo dovrebbe esserci acqua calda per tutti! In fondo non paghiamo nemmeno così poco di affitto!"

"Hai ragione. Vedrò quello che posso fare. Darò un'occhiata alla tua caldaia più tardi e parlerò di sicuro con l'amministratore."

"Grazie, Ludovico! Sei sempre così carino, tu!"

"Figurati, Rosa. È il minimo che possa fare! Inoltre ti devo una cena. Voglio cercare di rimediare alla figuraccia di stamane!"

"Ti ripeto: non fartene un problema. In fondo l'acqua fredda è servita a svegliarmi… Andiamo adesso, siamo già in ritardo!"

Übung 10: Welches Wort passt zu welchem Satz? Setzen Sie ein!
(vicini, il gatto, innamorato, cucinato, una donna)

1. Rosa è _____ coraggiosa.

2. Lombardo è _____ di Rosa.

3. Giuseppe è _____ di Rosa.

4. Rosa e Lombardo sono _____ di casa.

5. Lombardo ha _____ una cena per Rosa.

Rosa e Lombardo scesero le scale e si avviarono verso Campo San Polo.
Passarono accanto al Palazzo Pisani Moretta, vicino al quale videro la Casa di Goldoni.

Lombardo, di tanto in tanto, cercava di incrociare con lo sguardo gli occhi di Rosa.

Era particolarmente bella alla luce del primo mattino.

Indossava un giacca porpora intonata al colore dei suoi capelli rossi. Sotto portava una T-shirt nera e un paio di jeans attillati.

Emanava un profumo buonissimo, con leggere sfumature di vaniglia che invitavano a farsi ancora più vicini a lei.

Lombardo notava, alquanto infastidito, come gli uomini la guardavano, mentre camminavano per strada.

Rosa era una bella donna. Non poteva di certo passare inosservata, ma certi uomini non avevano davvero ritegno.

Non vedevano che era in sua compagnia?

Lombardo cercò di contenere la sua gelosia. Non voleva sembrare ridicolo agli occhi di Rosa.

Sapeva che molte donne, in modo particolare quelle indipendenti come poteva essere un commissario di polizia, non amavano troppo gli uomini gelosi.

Übung 11: Setzen Sie die passenden Präpositionen ein!
(per – al – alla – sotto – a)

1. Andare _____ cinema.

2. Passeggiare _____ la città.

3. Portare un libro _____ il braccio.

4. Hanno appeso il programma _____ porta.

5. Rosa e Lombardo sono usciti insieme _____ cena.

L'ultima volta che avevano cenato insieme, Lombardo aveva sentito Rosa molto vicina a lui.

Ancora, purtroppo, non era capitato nulla tra loro, anche se da allora si era creata una certa intimità. Erano diventati molto più amici. Trascorrevano quasi ogni serata insieme. Cucinavano oppure andavano al cinema o a teatro.

La sera prima Lombardo aveva invitato Rosa a vedere *La Traviata* al Teatro della Fenice da poco riaperto. Nella scena finale, quando l'eroina moriva, Rosa si era commossa fino alle lacrime.

Lui le aveva preso la mano e non l'aveva lasciata fino a quando l'aveva riaccompagnata a casa.

Era stato un momento molto bello e intenso.

Avevano passeggiato mano nella mano per la prima volta da quando si conoscevano.

Per Lombardo, che era molto timido per natura, quello era già stato un grande progresso.

Quando vide quindi su un muro un cartellone con la pubblicità di un concerto di Vivaldi nella Chiesa di Santo Stefano, pensò che sarebbe stata un'ottima occasione per invitare Rosa a un'altra serata romantica.

Si sentì subito in agitazione.

Pensò a come farsi di nuovo avanti senza parere troppo precipitoso o insistente.

Negli ultimi tempi aveva invitato spessissimo Rosa fuori. Non voleva che lei si sentisse sotto pressione, anche se aveva la sensazione che la cosa le piacesse.

E poi le più grandi storie d'amore non sono proprio quelle che nascono da un'amicizia?

Aveva recentemente sentito la storia di un amico che si era finalmente fidanzato con una donna che aveva frequentato per almeno dieci anni.

Lei era stata sposata o aveva avuto altre relazioni prima. Poi era rimasta vedova e lui aveva finalmente avuto il coraggio di farsi avanti.

Si erano sposati solo un mese dopo ed erano felicissimi insieme.
Certo, Lombardo si augurò di non dover aspettare così a lungo con Rosa! Era sicuro che, prima o poi, si sarebbe presentato il momento giusto.
Doveva solo essere pronto a coglierlo!
Più di una volta si era lasciato scappare occasioni importanti nella sua vita, per orgoglio o timidezza.
Non voleva commettere lo stesso errore con Rosa.
La osservò ancora per un attimo.
Lei era davvero qualcosa di speciale.

Übung 12: Kennen Sie sich mit der Oper aus?
Ergänzen Sie die folgenden Sätze!

1. La cantante di opera lirica si chiama _____.

2. Il cantante di opera lirica si chiama _____.

3. Un famoso compositore era _____ Verdi.

4. La *Tosca* è stata scritta da Giacomo _____.

5. *Va' pensiero* è una celebre melodia dell'opera _____.

6. La _____ è il famoso teatro dell'opera di Venezia.

Una volta arrivati alla caffetteria-gelateria sulle Zattere, Lombardo pensò di raccontarle un simpatico aneddoto.
Quel giorno le case della Giudecca parevano ancora più belle, sull'altra sponda del canale, immerse nell'atmosfera rarefatta, della prima luce del mattino.
Si sedettero a un tavolino all'aperto sulla zattera che galleggiava pigra nell'acqua del canale.

Ordinarono entrambi una brioche alla crema e un cappuccino.
"Sai che qui fanno degli ottimi gelati?" gli disse Rosa.
"I miei studenti dicono sempre che vengono qui a prendere il gelato al gianduiotto con la panna. È da un po' che non lo assaggio!"
"Magari torniamo un'altra volta durante la pausa pranzo. Quando fa molto caldo, mi piace mangiare solo un abbondante gelato per pranzo!" azzardò Rosa, pensando che l'estate sarebbe stata presto alle porte.
"Qual è il tuo gusto preferito?"
"Mi piace molto la stracciatella, ma anche il pistacchio, la fragola e il melone. E tu cosa preferisci?"
"Mi piace mescolare la crema con la liquirizia. Hai mai provato? Hanno un sapore squisito insieme!"
"Giusto, dimenticavo che tu sei appassionato di gastronomia, caro Ludovico. Ricordo ancora quella splendida cena che mi hai preparato!"
"Peccato che nel bel mezzo della serata abbiano chiamato dal commissariato…"
"Sì, è stato un peccato. Ma vedrai che ci saranno altre occasioni!"
"Rosa, tu dici sempre così!"
"Cosa intendi?" disse Rosa e si rizzò sulla sedia un po' allarmata.
"Niente, stavo solo scherzando…" rispose Lombardo, abbastanza imbarazzato.
"Guarda Rosa, godiamoci questo primo sole! Non è meraviglioso?" disse ancora Lombardo, accarezzando l'avambraccio di Rosa con un gesto leggero.
"Hai ragione, si sta proprio bene! Cerchiamo di rilassarci prima di andare al lavoro."
"Ti aspetta una giornata pesante?"
"Non lo so, sai, nel mio lavoro non si può mai dire… So che c'è la luna piena in questi giorni e, quando succede, sono sempre abbastanza irrequieta."

"Si sa che la luna piena fa strani effetti alla gente… In passato si credeva che chi dormiva alla luce della luna piena, si sarebbe svegliato pazzo il giorno dopo!"

"Allora io e Giuseppe dovremmo già essere stati ricoverati in manicomio. Dormo spesso con la finestra aperta e la luna illumina di luce naturale la mia camera da letto."

"Ma, Rosa, Giuseppe chi?"

"Ludovico! Giuseppe, il gatto! Me lo chiedi ogni volta! Non sarai geloso, per caso?"

"Chi, io? Ma stai scherzando? Sono un uomo moderno, io! Non so nemmeno cosa sia la gelosia! Tu piuttosto, sei mai stata gelosa?"

"Solo quando sono stata innamorata" rispose seccamente Rosa.

Lombardo avvertì una fitta al cuore. Allora Rosa era stata innamorata di qualcuno. Adesso lo sapeva. Si ripromise di indagare di più sulla questione, ma capì che non era la situazione giusta.

Cercò quindi di cambiare argomento e iniziò a parlare del tempo.

Il tempo è sempre un ottimo pretesto per disincagliare la conversazione che si è arenata in un punto difficile.

Aveva notato che Rosa si era intristita. Sicuramente stava ripensando a qualche dolorosa delusione amorosa. C'era come un'ombra nei suoi occhi. Questo era un lato nuovo che non aveva mai notato in lei.

Lombardo preferì quindi distrarla.

Non voleva rovinare quella splendida mattinata.

Übung 13: Ergänzen Sie die Lücken mit dem passenden Wort!
(cappuccino – espresso – caffè macchiato – cioccolata – caffè corretto – caffelatte)

1. Un semplice caffè italiano si chiama _____.

2. Un caffè con l'aggiunta di grappa o alcool si dice _____.

3. Un caffè con un po' di latte prende il nome di _____.

4. Il caffè allungato con molto latte, spesso servito in un bicchiere invece che nella tazza, diventa _____.

5. Caffè e latte mescolati insieme con una schiuma bianca in cima fanno il _____.

6. La _____ italiana è sempre a base di cioccolato, ma molto più densa di quella tedesca.

La primavera era una delle stagioni più belle a Venezia. Gli alberi, che in alcuni campi si innalzavano in mezzo al cemento, si ricoprivano di foglie verdi e di colori. Dai giardini segreti, quelli chiusi dietro alte mura, alcuni rami, avvolti di fiori rosa, si spingevano fin quasi nelle calli, riempiendole di profumi.

La gente diventava più allegra e, con un meraviglioso quadro d'insieme, riempiva di vita i tavoli dei bar e dei locali all'aperto fino a tarda sera, quando alle voci si mescolava la rilassatezza dei primi fumi dell'alcool, degli aperitivi, dei cocktail o delle *ombre*, come venivano chiamati i bicchieri di vino bianco o rosso serviti nei *bàcari* e nelle osterie, che contribuivano di sicuro a riscaldare gli animi.

Anche se i veneziani erano già molto goderecci di natura, senza bisogno di farsi contagiare dallo spirito etilico.

Amavano la dolce vita e lo dimostravano anche nel modo in cui affrontavano i problemi di tutti i giorni, sempre con molta calma, anche se con decisione. Com'è risaputo i veneziani furono sempre bravi commercianti, dotati di un'arte della persuasione che li portava a concludere ottimi affari.

In quel periodo erano ancora più ciarlieri del solito, forse grazie a un'atmosfera che già preannunciava l'estate e l'arrivo imminente di ondate di turisti.

A primavera l'aria si faceva leggermente più tiepida, specialmente nelle giornate di sole come quella, quando si stava davvero bene seduti all'aperto.

Del resto Venezia, con i suoi campi, le sue calli e i suoi canali inaccessibili alle auto, è una città da vivere all'aperto, da gustare momento per momento.

Rosa si lasciò distrarre dalle parole di Lombardo sulla primavera e fece un profondo respiro che le riempì i polmoni di un'ebbrezza profonda.

Le piaceva ascoltare i suoi discorsi, specialmente quando erano legati alla storia. Lombardo era un uomo molto colto e, al tempo stesso, estremamente sensibile. Sapeva cogliere i suoi stati d'animo e aveva lo strano potere di tranquillizzarla.

Con lui al suo fianco si sentiva estremamente rilassata.

Chiuse gli occhi e rivolse il viso al sole, quasi come per disporsi a prendere una bella abbronzatura.

Übung 14: Verbinden Sie!

1. Le calli sono …   a) le piazze di Venezia
2. I campielli sono …   b) le vie di Venezia
3. I campi sono …   c) piccole piazze di Venezia, piccoli campi.
4. I *bàcari* sono …   d) punti di ritrovo dove si mangiucchia e si beve

Lombardo notò che il viso di Rosa si era rasserenato.

Ne approfittò per avanzare una proposta che sicuramente le avrebbe fatto piacere e l'avrebbe allontanata ancora di più dal suo mondo di ricordi.

"Rosa, ti piace la musica classica?" le chiese improvvisamente.

"Ti riferisci alla pubblicità del concerto che abbiamo visto per strada?

"L'hai notata anche tu?"

"Vivaldi è uno dei miei compositori preferiti, non perché sia veneziano… Lo trovo capace di straziare e consolare l'anima al tempo stesso…"

"Conosci la sua leggenda?"

"Non so molto su di lui. Sai che, nel tempo libero, leggo gialli: Donna Leon in tedesco, o Camilleri. Ma non ho purtroppo molto tempo per dedicarmi alla musica. Purtroppo, perché mi piace molto."

> *Übung 15: Welche Sprache spricht man in welchem Land? Setzen Sie ein!*
>
> 1. Francia _____
> 2. Italia _____
> 3. Germania _____
> 4. Olanda _____
> 5. Spagna _____
> 6. Inghilterra _____
> 7. Svezia _____
> 8. Turchia _____

"Già, mi dimentico a volte che tu parli ben tre lingue: il tedesco e l'inglese, oltre che l'italiano! Hai mille talenti tu, Rosa! Comunque ho un aneddoto interessante da raccontarti…"

"Su Vivaldi?"

"Ebbene sì… Si racconta che Vivaldi alla nascita fosse stato maledetto dal diavolo che lo voleva morto, perché sapeva che era destinato a comporre la melodia più bella del mondo. Per questo il suo parto fu molto difficile e pare che, per proteggere il bimbo dal maligno, abbiano dovuto nasconderlo in casa della balia."

"E cosa successe, dato che Vivaldi riuscì a sopravvivere?"

"Il diavolo riuscì a maledirlo in parte. Da piccolo fu sempre un bambino malato, tanto da rischiare più volte la vita. Per proteggersi dal male, decise di diventare prete, anche se non riuscì mai a celebrare una messa. Ogni volta aveva difficoltà nella parola. La maledizione prevedeva inoltre un male ancora più grande per lui: che componesse musica, ma non riuscisse mai a terminare la sua melodia più bella!"

"Il tormento della sua vita si legge nella sua musica" precisò Rosa, che si stava facendo incuriosire dalla storia.

Lombardo le si avvicinò, sussurrandole all'orecchio con voce misteriosa.

"Adesso si pensa che il suo spirito tormentato aleggi sulle acque di fronte a Piazza San Marco. Nelle serate più limpide il vento trasporta nell'aria le note di quella meravigliosa musica che, non avendo potuto terminare in vita, Vivaldi sta ora scrivendo da morto, ogni notte, su quelle acque. E qualcuno sostiene di avere sentito di persona le note di quella straziante melodia lungo Riva degli Schiavoni…"

"In effetti, pensandoci bene, anche a me pare che sia capitato, Ludovico! Mi sono perfino voltata per vedere se la musica proveniva da un bar, ma magari era solo suggestione…"

Übung 16: Welches Musikinstrument ist gemeint? Setzen Sie ein!

1. Il pianista si siede al _____.

2. Il chitarrista pizzica le corde della _____.

3. Il violinista suona il _____.

4. Il violoncellista era molto impegnato con il suo _____.

5. Il sassofonista improvvisò note di musica jazz con il _____.

6. La bella arpista si concentrò sulle corde della sua _____.

7. Il batterista provò un pezzo nuovo battendo sulla _____.

8. Quel musicista africano è specializzato nel suonare i _____.

9. Ci vuole molto fiato per poter suonare la _____.

"Che ne dici di andare a sentire insieme il concerto? E poi magari veniamo a cenare in un ristorantino qui sulle Zattere?"
"Molto volentieri, Ludovico. La prossima volta, però, per ricambiare cucino io!"
"Sempre che Giuseppe mi sopporti! L'ultima volta non è stato molto gentile con me. Me ne sono andato con un bel graffio!"
"Sai che Giuseppe è geloso, a volte! E poi è particolarmente nervoso in questo periodo. È sempre così quando c'è la luna piena!"
"Stavo scherzando, Rosa! Sai che è sempre un piacere trascorrere il tempo con te! E anche con Giuseppe! A me i gatti piacciono, anche se devo dire che quelli veneziani sono particolarmente grassi!"
"Hai ragione, mai visto gatti grassi come a Venezia! Magari sono pigri o forse fanno scorpacciate di topi: ce ne sono così tanti nei canali!"
"Se pensi alle pantegane, grandi quanto un piccolo gatto, credo che abbiano vita dura... Suppongo che dipenda piuttosto dal fatto che si godono anche loro la dolce vita veneziana... Il tuo Giuseppe è comunque sempre in forma e mi è pure molto simpatico. A parte quel piccolo episodio di gelosia, quando sul divano ho tentato di metterti un braccio attorno alla vita e mi ha graffiato... Di solito, però, mi fa sempre le fusa!"
"Ci saranno altre occasioni, Ludovico..."
"Sai che me lo auguro di tutto cuore, Rosa."

Übung 17: Ergänzen Sie die Sätze mit der Verkleinerungsform!

1. Un piccolo gatto è un _____.

2. Un piccolo cane è un _____.

3. Un piccolo topo è un _____.

4. Un piccolo lavoro è un _____.

5. Una piccola strada è una _____.

6. Un piccolo pensiero è un _____.

7. Una piccola porta è una _____.

8. Una piccola casa è una _____.

Rosa notò che la situazione stava prendendo una piega difficile e preferì cambiare argomento.
Lombardo le piaceva molto, ma lo considerava anche il suo migliore amico. Non se la sentiva proprio di precipitare gli eventi.
Raccontò così a Lombardo del suo lavoro e della sua passione per il crimine.
Non era un tipo da ufficio, lei. Preferiva andare in giro a indagare sui casi più difficili. Viveva il suo lavoro come una missione. Aveva avuto fin da bambina uno spiccato senso della giustizia.
Il crimine naturalmente era stato per lei una grande passione.
Si ricordava ancora del caso, mai risolto, di una donna trovata senza la testa nel Canal Grande.
L'aveva vista galleggiare sull'acqua, poi era stata caricata su un motoscafo della polizia. Aveva passato notti intere a fantasticare su cosa fosse potuto accadere: un amante respinto, un fidanzato geloso?
La ragazza non era mai stata identificata, purtroppo. Doveva essere straniera.

Da allora aveva però sempre saputo cosa voleva fare nella vita: avrebbe lavorato nella polizia e non avrebbe mai lasciato un caso irrisolto, lei.

Il colpevole doveva essere trovato e punito, costasse quel che costasse, anche la sua vita.

"Non ti pare di essere un po' troppo severa con te stessa, Rosa?"

"Il mio lavoro è in fondo la mia vita, Ludovico! Forse hai ragione, ma non riesco a vivere in un altro modo."

Non a caso Rosa era il commissario di polizia più giovane di tutta Venezia.

Ed era già riuscita a farsi un nome. Era diventata famosa per avere risolto i casi più difficili e intricati, perfino quelli che parevano impossibili.

Era sempre concentrata sulla sua professione.

Anche in quel momento controllò automaticamente di avere la pistola nella borsetta, prima di alzarsi.

Rosa e Lombardo si salutarono abbracciandosi amichevolmente, prima di recarsi entrambi al lavoro. Quel giorno arrivarono tutti e due in ritardo.

Übung 18: Welche Definition stimmt? Kreuzen Sie an!

1. soffrire
   a) stare male
   b) stare a ascoltare

2. risolvere
   a) trovare una fine
   b) trovare una soluzione

3. galleggiare
   a) stare a galla sull'acqua
   b) muoversi nell'acqua

4. caricare
                a) trasportare su
                b) portare via

5. fantasticare
                a) immaginare con fantasia
                b) sognare

La mattina dopo il telefono suonò alle sette. Era il capo.
"Sì…"
Rosa, ancora assonnata, alzò la cornetta del telefono, che teneva sul comodino vicino al letto.
"Rosa, sono io! Ha visto i titoli dei giornali? Non so come, ma qualcuno è riuscito ancora ad andare in stampa…"
"Scusi, ma cosa è successo? Di cosa sta parlando? Sono appena le sette! Non mi sono ancora alzata!"
"Sa che io sono sempre molto mattiniero. Sono uscito per fare colazione. Stavo bevendo un espresso in un caffè vicino a Campo Santi Giovanni e Paolo, quando ho notato i titoli del *Gazzettino*. Dicono che Rosato Gatti, il famoso commerciante di tessuti, è sparito da ieri!"
"Solo un giorno. Non le pare un po' esagerato dare l'allarme?"
"Sa che Gatti è molto famoso, non solo a Venezia, ma in tutto il mondo! L'ultima stoffa che ha creato è stata usata da quel famoso stilista di cui non ricordo il nome per il vestito di una star hollywoodiana che ha vinto l'Oscar lo scorso anno! Gatti ama la vita mondana, poi, quindi finisce spesso sulle pagine di tutti i giornali… Anche solo per le sue avventure con le belle donne di cui si circonda!"
"Ma chi ha chiamato i giornali per avvisare?"
"Credo sia stato Rodolfo, il collega che lavora nella sua stessa stanza. Hanno chiamato ieri sera tardi. Ha telefonato la moglie di Gatti per dare l'allarme. Aveva provato a raggiungerlo sul cellulare tutto il

giorno, ma nulla. Si è spaventata quando ha sentito che verso la mezzanotte il marito non era ancora rientrato in albergo. Ha avuto buon intuito, perché nemmeno stamane c'era. Pare che nessuno sappia dove sia. L'ultima volta è stato visto ieri mattina a una sfilata di moda... Dopo di che si sono perse totalmente le sue tracce!"
"E cosa dicono i giornali di preciso?"
"Esagerano, come sempre. Titolano: "Gatti scomparso. La polizia annaspa nel buio." Mi raccomando, si metta al lavoro al più presto. Pare che sottolineino che non abbiamo idea di cosa sia potuto accadere..."
"In effetti è così! Ma non si preoccupi. Non c'è problema, capo. Mi metto subito al lavoro!"
Rosa si rivoltò nel letto, ancora mezza addormentata. Giuseppe rotolò giù dalla coperta avvolta attorno ai suoi piedi, dove aveva dormito tutta la notte.
"Si prepari a partire, Rosa. Per Milano. Vedo di farle prenotare un aereo per il primo pomeriggio, così facciamo prima."
"Va bene. Il tempo di alzarmi e stamane vado subito a parlare con la moglie di Gatti."
"Si chiama Sara Gatti. Vive in un bellissimo palazzo sul Canal Grande, vicino alla Ca' D'Oro."
"Cercherò l'indirizzo sull'elenco telefonico."
"A dopo, Rosa!"
"A dopo, capo! Passo più tardi a ritirare il biglietto!"
"Non si preoccupi di questo. Per risparmiare tempo le faccio fare un biglietto elettronico. Le servirà solo il passaporto per ritirarlo direttamente al check-in. Si tenga in contatto e si faccia viva appena ha scoperto qualcosa."
"Non ne dubiti. A dopo!"
"A dopo, Rosa! E buon lavoro!"

Übung 19: Welches Wort ist das „schwarze Schaf"? Unterstreichen Sie das nicht in die Reihe passende Wort!

1. a) aereo   b) binocolo   c) hostess
2. a) gatto   b) anitra   c) topo
3. a) commissario   b) pistola   c) braccialetto
4. a) giornale   b) professore   c) studente
5. a) tavolo   b) telefono   c) cornetta
6. a) albergo   b) camera   c) stazione

Sara Gatti si presentò alla porta. Aprì a Rosa avvolta in una vestaglia di seta verde smeraldo.
Accanto a lei c'era un giovane molto avvenente, con le spalle larghe e muscolose.
"Mirko Robertson, piacere!" disse a Rosa, stringendole forte la mano.
"Scusi, ma Lei chi è?" gli chiese senza farsi problemi, evidentemente stupita.
"Sono un caro amico di Sara. Mi ha telefonato stamane, disperata per la scomparsa del marito. Sono corso subito qui. Ho capito che Sara era molto preoccupata."
Rosa non poté fare a meno di notare un tavolo apparecchiato di fronte alla grande vetrata che dava sul Canal Grande.
La sala era dominata da un ricco lampadario di vetro di Murano. Sul soffitto si notava una serie di affreschi che terminava nei marmi delle pareti.
Sul tavolo c'erano due tazze. Ciò significava che Sara e Mirko avevano fatto colazione insieme.
Il ragazzo, quindi, con tutta probabilità, mentiva.
Rosa aveva la netta sensazione che avesse dormito lì.
"Rosato mi chiama sempre, da quando siamo sposati, ma lo faceva anche prima, fin da quando ci siamo conosciuti. In principio mi

telefonava almeno sei o sette volte al giorno. Era anche molto geloso! Col tempo le sue telefonate si sono diradate, ma ci sentiamo in ogni caso almeno due volte al giorno" continuò a spiegare la moglie.

"Si è insospettita quando ha sentito che non ha chiamato?"

"Certo! Non è da lui!"

"Ha idea di cosa possa essere successo?"

"Purtroppo no. Un tempo viaggiavo con lui e lo accompagnavo perfino alle sfilate di moda o in giro per il mondo, quando andava a incontrare i suoi clienti, a presentare nuove stoffe e prodotti. È in una di queste occasioni che ho conosciuto Mirko…"

"Sì, io facevo il fotomodello a Milano. Ho conosciuto Sara e suo marito a una cena presso il noto stilista Armando" precisò Robertson.

"E come è finito a Venezia?"

"Mi sono trovato subito bene con Rosato. E lui mi ha offerto una posizione come consulente marketing. Ha pensato che la sua bottega avesse bisogno anche di una persona giovane, che se ne intendesse delle nuove tendenze del mercato. È stato davvero gentile con me. Mi ha aiutato addirittura a cercare casa a un prezzo economico. Vivo nel Campo del Ghetto nuovo, adesso."

"E non era mai geloso della sua amicizia con Sara?"

Rosa notò uno sguardo di intesa tra i due, ma anche un'ombra di paura negli occhi di lei. In quel momento Sara fissava intensamente Mirko, temendo che si permettesse di dire qualcosa.

"A dire il vero, commissario Nicoletti, io e Sara abbiamo sempre tenuto per noi questa amicizia. Rosato sa che ci conosciamo, ma non credo immagini che siamo così vicini… Così buoni amici, insomma…" si corresse Mirko, un po' imbarazzato e rosso in viso. Rosa notò che aveva dei lineamenti finissimi, che facevano da perfetta cornice ai suoi occhi verdi. Inoltre sembrava un uomo abbastanza intelligente. Non c'era da meravigliarsi che Sara avesse perso la testa per lui.

Lei, pur dando ogni tanto un leggero segno di disagio, riusciva a mantenere sempre una perfetta calma. Era una donna molto bella, non c'era dubbio, ma di una freddezza che quasi spaventava.

In un attimo sembrava avvicinarsi, per poi tornare al suo mondo di solida apparenza.

"Non si preoccupi, quello che ci diciamo adesso resterà tra di noi" intervenne Rosa, togliendo entrambi dall'imbarazzo.

Voleva che parlassero sentendosi completamente a proprio agio.

"Il problema è che, come immagina, commissario Nicoletti, io non so più niente della vita di mio marito. Non ho idea quindi di cosa facesse a Milano, a parte che aveva intenzione di partecipare a qualche sfilata."

Übung 20: Welche Präpositionen gehören in die Lücken? Setzen Sie ein! (di (2x) – al (2x) – in (4x))

1. _____ media

2. _____ solito

3. _____ fretta

4. _____ corsa

5. _____ meglio

6. _____ massimo

7. _____ tempo

8. _____ ritardo

"Quando è stata l'ultima volta che le ha telefonato?" le chiese Rosa.
Vide che Sara diventava improvvisamente più nervosa. Dopo un secondo, com'era sua abitudine, riuscì però a ricomporsi adottando una serie di gesti di studiata perfezione.
Non convinse comunque Rosa, che era ormai diventata un'esperta nel cogliere le sfumature dell'animo umano.
Aveva come la sensazione che per quella donna la perdita del marito non sarebbe stata in fondo grave come cercava di far credere.
"Il primo giorno in cui è arrivato a Milano, da via Montenapoleone. Mi ha telefonato, perché voleva comperarmi un vestito di Versace. Sa che mi piacciono molto i nuovi capi di Donatella Versace, la sorella dello stilista che è stato assassinato a Miami."
"Non ha bisogno di spiegare. Non me ne intendo molto di moda, ma leggo i giornali. So quindi di cosa si tratta."
"Voleva sapere se lo preferivo rosso o nero. Era quindi davanti alla boutique di Versace l'ultima volta che l'ho sentito. Mi ha anche detto che era appena stato in un ristorante della Galleria, vicino al Duomo. Era andato lì per dare un'occhiata ai capi di abbigliamento della *Rinascente* anche se poi voleva passare da diverse boutique di via della Spiga e di via Montenapoleone, prima di andare a una cena di lavoro."
"Da allora non ha più avuto notizie di lui? Sono quasi due giorni, allora!"
"Sì, per questo mi sono preoccupata…"
"Ha provato però anche Lei a telefonare?"
"Certo, ma ho avuto sempre come risposta 'L'utente non è al momento raggiungibile', come se il suo cellulare fosse spento."
"Pensa di andare a Milano in questi giorni?"
"Preferirei di no, se non è necessario…"
"Almeno in questo caso è stata sincera" pensò Rosa tra sé.

Übung 21: Wie lauten die Farben auf Italienisch? Übersetzen Sie!

1. Weiß _____

2. Gelb _____

3. Rot _____

4. Grün _____

5. Blau _____

6. Schwarz _____

Mirko, fino a quel momento, le aveva osservate stando in piedi in un angolo accanto alla finestra, da cui a tratti sbirciava fuori.
Ora si avvicinò e si sedette di fianco a Sara sul divano, appoggiandole una mano sulla spalla.
Rosa era invece seduta su una poltrona di fronte.
Dopo averla fatta entrare nel salone principale del palazzo, Sara aveva infatti preferito parlare in un salottino da cui si accedeva allo studio del marito e alla biblioteca.
Rosa notò che Mirko aveva cercato di avvicinare la sua mano a quella di Sara almeno un paio di volte, per starle ancora più vicino, ma lei aveva prontamente allontanato la sua, lanciandogli uno sguardo freddo e indifferente.
"Andrò io a Milano e le farò avere notizie al più presto. Vi ringrazio intanto della collaborazione. Se le dovesse venire in mente qualcosa non esiti a chiamarmi, signora Gatti. Le lascio il mio biglietto da visita. Sopra c'è anche il mio numero di cellulare."
"Commissario Nicoletti, le devo chiedere solo una cortesia."
"La prego, mi dica."
"So che mio marito aveva altre donne. Non ci terrei però a sapere più del necessario e confido nella sua discrezione."

"Non tema, Sara, la chiamerò appena avrò notizie, ma se preferisce così, non le riferirò più del necessario."

"La ringrazio, commissario Nicoletti."

"Grazie a voi, a entrambi, per avere risposto alle mie domande. Come ho detto, mi farò viva al più presto!"

Ancora una volta Sara l'aveva sorpresa con la sua sincerità. Forse non era la donna che tutti credevano.

A Venezia si mormorava che avesse sposato il marito, molto più vecchio di lei, solo per interesse.

Il rapporto che aveva con Mirko lo confermava, ma chi poteva capire fino in fondo l'animo umano, specialmente quello femminile?

Più di una volta Rosa l'aveva imparato a sue spese.

Le donne, più ancora degli uomini, potevano davvero essere imprevedibili.

Übung 22: Welche Wörter gehören zusammen? Verbinden Sie!

1. farsi   a) parola
2. non avere   b) andare
3. non proferire   c) vivo
4. alzare   d) idea
5. lasciarsi   e) il gomito

Mirko accompagnò Rosa alla porta, mentre Sara si congedò da lei già nello studio.

Rosa, prima di uscire, volle dare un'occhiata ai documenti di Rosato Gatti.

Non trovò nulla di interessante, se non un biglietto con un numero di telefono.

Una certa Muriel.

Si era firmata con un cuoricino.

Rosa decise di non dire nulla a Sara. In fondo era stata lei a chiedere di non sapere.

Senza dubbio aveva una storia con Mirko, ma al tempo stesso non voleva essere ferita dalle avventure del marito.

Del resto i giornali, negli ultimi anni, non ne avevano fatto mistero.

Rosa adesso si chiedeva però se Mirko e la giovane moglie potessero essere in qualche modo coinvolti nella sparizione di Gatti.

In fondo, se Gatti fosse morto, per loro sarebbe stata la situazione ideale.

È vero che si erano presentati entrambi di fronte a lei, senza nascondere la loro relazione.

Ma questo gesto poteva essere stato solo una mossa per sviare i sospetti.

Rosa, nel corso della sua carriera, aveva conosciuto molti criminali disposti a qualsiasi cosa pur di passarla liscia.

I più furbi erano stati in grado di mettere insieme delitti quasi perfetti, con piani talmente ingegnosi che anche per Rosa era stato molto difficile scoprire la verità.

Übung 23: Welches Adjektiv passt zum Substantiv? Verbinden Sie!

1. il delitto
2. la rosa
3. il gatto
4. il piano
5. i capelli
6. lo studente
7. il sospetto
8. la carriera

a) rossa
b) superiore
c) spettinati
d) perfetto
e) brillante
f) nero
g) diligente
h) sviato

Rosa stava camminando per la Strada Nuova, nel tratto dove si concentrano le bancarelle di frutta e verdura.

All'improvviso sentí un segnale dal cellulare.

Era un sms: "Dove sei? Hai voglia di pranzare insieme? Ludo."

Rosa diede appuntamento a Lombardo nel caffè del Campo del Ghetto Nuovo, dove avevano anche spuntini kosher.

Gli disse però che dovevano fare in fretta, perché era in partenza per Milano.

Subito dopo aver parlato con Sara, aveva chiamato il commissariato: il suo volo partiva nel primo pomeriggio.

Lombardo si precipitò, come sempre quando Rosa lo cercava. Quel giorno aveva dovuto tenere una lezione al *Cinema Italia*, quindi non era molto distante.

Übung 24: Übersetzen Sie!

1. Telefon _____

2. Handy _____

3. Telefonnummer _____

4. Pistole _____

5. Tasche _____

6. Lippenstift _____

7. Geldbeutel _____

Rosa si avviò veloce verso il Ghetto.

"Commissario Nicoletti, commissario Nicoletti!" le gridò un'anziana donna, distraendola dai suoi pensieri.

"Si ricorda di me? Sono Anna. Le ho regalato Giuseppe!" le disse la vecchietta, che portava un foulard in testa e non era quindi facilmente riconoscibile. Aveva tra le mani un sacchetto di carta pieno di pomodori e insalata. Era venuta probabilmente da quelle parti per fare la spesa.
"Come no? Mi ricordo di Lei! Giuseppe è stato uno dei regali più belli e affettuosi della mia vita!"
"Ho un problema! Mi è sparito Cagliostro! Un bellissimo siamese di otto anni… A volte sta via per un po' di giorni, ma ora è da una settimana che non torna!"
"Prepara ancora i piattini ai gatti come una volta? Abita a Santa Marta, vero? Mi ricordo che verso le cinque i gatti arrivavano per mangiare la pappa da tanti piattini diversi"
"Sì, abito ancora nella stessa casa. Si ricorda? Giuseppe era uno dei trovatelli! Lei abita invece a San Polo, vero?"
"Sì, abito ancora lì. Non mi meraviglia che i gatti di Venezia siano sempre così grassi, con gattare come Lei che si occupano con tanto amore di loro."
"Cosa posso fare per ritrovare il mio Cagliostro?"
"Le consiglio di incollare un volantino in giro per le calli e i campi, con una fotocopia della foto del suo gatto, se è possibile. So di un amico che l'aveva fatto per il suo bastardino. Pensi, un cane capace di prendere il vaporetto da solo! Alla fine ha funzionato: l'hanno ritrovato al Lido! Era arrivato fin là per conto suo e poi era un po' disorientato, non essendoci mai stato prima!"
"La ringrazio del consiglio, proverò! Se ha tempo passi a trovarmi e porti anche Giuseppe. È da tanto che non lo vedo!"
"Passo di sicuro, appena ho un attimo di tempo… Buona giornata e in bocca al lupo per la ricerca di Cagliostro!"
"Anche a Lei, buona giornata e, mi raccomando, non lavori troppo!"
Rosa pensò che a Venezia la gente aveva davvero un ritmo tutto

suo, molto diverso di quello delle altre città del Nord d'Italia. A Venezia si lavorava per vivere, non si viveva certo per lavorare!

Übung 25: Welche Tiere sind Feinde? Verbinden Sie!

1. gatto   a) gazzella
2. cane   b) agnello
3. leone   c) topo
4. lupo   d) gatto

Il pranzo con Lombardo fu purtroppo molto veloce. Entrambi presero un tramezzino, al tonno e olive lui, ai gamberetti e uova lei. Lo accompagnarono con un'*ombra*: un bicchiere di vino bianco lui e di vino rosso lei.
Lombardo le diede una nuova e interessante idea sul caso.
Le consigliò di controllare il testamento di Gatti.
Se la giovane moglie era a conoscenza delle sue avventure e, per di più, si era innamorata di un altro, ci doveva essere un motivo se non aveva ancora divorziato.

Übung 26: Wie lautet der Singular der folgenden Wörter? Setzen Sie ein!

1. piatti   _____
2. bicchieri   _____
3. forchette   _____
4. coltelli   _____
5. cucchiai   _____

6. tovaglie   _____

7. bottiglie   _____

"Lombardo, hai avuto un'ottima idea! Anch'io ci avevo pensato, a essere sincera. Chiederò a Rodolfo di controllare. Ci vorrà un attimo per sapere chi è l'avvocato di Gatti a Venezia. Sono sicura che verranno fuori delle novità!"
"Rosa, non per mettere il naso nei tuoi affari… ma Rodolfo non è quel collega invidioso che ha già cercato di giocarti brutti scherzi? Sei sicura di poterti fidare?"
"Purtroppo, Lombardo, è l'unico ad avere esperienza investigativa al commissariato."
"Se me lo permetti, sarei ben felice di darti io una mano, Rosa… Ti devo confessare che mi sono già informato quando ho letto l'articolo di giornale sulla scomparsa di Gatti. Il suo avvocato è il famoso dottor Riverenza, dello studio Scarlatti & C. Si trova presso Campo Santa Maria Formosa. Tra l'altro è un caro amico di mio padre."
"Ma che bravo, Lombardo! A forza di starmi vicino stai sviluppando lo spirito investigativo di un segugio!"

Übung 27: Welche Sätze enthalten einen Fehler? Verbessern Sie diese!

1. Hai voglia di andare a cinema dopo cena?

_____

2. Qual' è il to film preferito?

_____

3. Ti piace quello che ho cucchinato?

_____

4. Manghi la carne? Non sei per caso vegatariano?

5. Ho prepagato degli spaghetti alle vongole.

6. Preferischi il vino bianco o rosso?

"Rosa, sono un professore di storia. Per anni ho fatto indagini e ricerche, anche se in un altro settore. Ho comunque una certa esperienza in queste cose! Sarà poi una breve pausa dalla vita monotona e sedentaria dell'università. Mi farà di sicuro bene!"
"Mi faresti un favore grandissimo. So che gli avvocati devono tenere il segreto professionale, ma puoi dire che si tratta di un'indagine. Fai pure il mio nome e se Riverenza non dovesse fidarsi della tua parola, digli pure di chiamarmi al cellulare."
"Non dovrebbero esserci problemi… Come ti ho detto, mi conosce da quando ero bambino e sono convinto che sarà molto felice di partecipare all'indagine. Gatti è sparito e credo che sia anche nel suo interesse scoprire la verità e collaborare con la giustizia a risolvere il caso."

Übung 28: Lesen Sie weiter und unterstreichen Sie die Adjektive!

"D'accordo, ti chiamo da Milano. A più tardi, allora!"
"Stai pur sicura che sarò in grado di dirti qualcosa. Ho già telefonato per prendere un appuntamento. Mi aspetta tra un'ora!"
"Grazie ancora, Lombardo. Questo mi aiuta a risparmiare tempo: altrimenti avrei dovuto andare di persona a interrogare Riverenza e questo avrebbe tolto un ulteriore giorno alle indagini."

"Stai attenta a Milano, piuttosto! È una città pericolosa, non come Venezia che è una città tranquilla e sicura."

"Ludovico, spero che tu stia scherzando! Sono abituata ad avere a che fare con i criminali tutti i giorni!"
"Lo so, lo so! Non fare la permalosa e non offenderti adesso! Stavo solo scherzando!"
Rosa e Lombardo si abbracciarono e si baciarono sulla guancia prima di prendere strade diverse.

Übung 29: Wie lautet das Substantiv der folgenden Adjektive?

1. invidioso   _____
2. geloso   _____
3. innamorato   _____
4. frustrato   _____
5. ricco   _____
6. povero   _____
7. armonioso   _____
8. pigro   _____
9. veloce   _____

Il Campo del Ghetto Nuovo era particolarmente tranquillo quel giorno. Solo un gruppo di bambini giocava a pallone, rompendo il silenzio delle calli che altrimenti sarebbe stato assoluto.
Qui e là si scorgevano piccoli gruppi di ebrei, con la tipica kippah sul capo.

Dovevano essere appena usciti dalla sinagoga.

Lombardo conosceva bene la storia e, prima di lasciare Rosa, le ricordò che in fondo il Ghetto di Venezia era il più antico al mondo. Non c'era da stupirsi che la tradizione si respirasse a ogni angolo.

Spiegò inoltre a Rosa che i palazzi di quel quartiere erano i più alti di tutta Venezia per permettere al maggior numero di famiglie possibile di abitarci.

In passato il governo veneziano la sera chiudeva le porte del ghetto e tutti gli ebrei dovevano essere dentro. Spesso c'erano stati episodi di intolleranza contro di loro.

Rosa ripensò a queste parole quando uscí dal Ghetto attraverso la stretta calle vicino al Ponte delle Guglie. Sul muro c'erano ancora le tracce della porta che segnava i confini di quel quartiere.

Prese poi un motoscafo per raggiungere più velocemente l'aeroporto.

Übung 30: Was passt zusammen? Verbinden Sie!

1. una fila di   a) gatti
2. uno stormo di   b) gente
3. un mucchio di   c) gabbiani
4. un paio di   d) patate
5. un gruppo di   e) soldi
6. una pila di   f) scarpe
7. un sacco di   g) libri

Appena arrivata a Milano, Rosa fu sconvolta dal ritmo frenetico della grande città. Per fortuna il volo era atterrato a Linate e non a Malpensa, dove c'era ancora più confusione, ma nonostante tutto Rosa dovette faticare per riuscire a trovare un taxi.

Si fece condurre direttamente all'*Hotel Marvellous*, vicino al Duomo, il prediletto da molte modelle e star della moda, dove Gatti era ospite.
L'accolse il direttore dell'albergo, che era già stato informato di quello che era successo.
Le confermò che da quasi due giorni Gatti non si faceva vedere.
Solo dopo aver superato diverse reticenze, Rosa riuscì a sapere dal direttore che Gatti aveva da tempo un'amante a Milano.
Si trattava di una modella mulatta, una francese.
Il direttore conosceva solo il suo nome, Muriel, ma non aveva idea di chi fosse.
L'aveva vista una sola volta. Indossava un vestito attillato con una minigonna cortissima nera che lasciava trasparire le chilometriche gambe, fasciate con calze a rete scure.
Aveva una folta capigliatura corvina, capelli lunghi e molto ricci.
Quella sera il direttore aveva notato anche una collana di rubini e diamanti che risaltava attorno al suo splendido collo da giraffa, avvolto nel bianco di una pelliccia di ermellino.
Il direttore era rimasto chiaramente molto colpito dall'aspetto fisico della ragazza.
Si ricordò che quella sera era stata particolarmente aggressiva con Gatti.
Il ragazzo che si era occupato di chiamare loro un taxi aveva avuto l'impressione che avessero avuto un brutto litigio.
Pare stessero andando alla prima di un balletto alla Scala.
Muriel aveva gridato a Gatti che era ora che lui dicesse tutto alla moglie e prendesse una decisione.
Gatti non aveva risposto e questo l'aveva mandata ancora di più su tutte le furie.
Il ragazzo non ricordava bene, essendo passati alcuni mesi.
Si rammentava però che alla fine a lei era perfino scappato un ceffone, che Gatti aveva incassato senza scomporsi.

Muriel aveva tentato di andarsene, ma lui l'aveva inseguita e raggiunta.
Erano poi saliti entrambi sul taxi, anche se lei pareva molto turbata.

Übung 31: Ergänzen Sie die Sätze mit dem passenden Verb in der richtigen Form! **(indossare – portare – slacciarsi – lavorare – comperare – uscire – provare – cercare – volere – cambiare)**

1. Muriel _____ una pelliccia di ermellino quando andò in hotel.
2. _____ al collo una collana di diamanti e rubini quando andò a teatro.
3. Roberto si _____ gli stivali prima di andare a letto.
4. Giovanni _____ ogni giorno fino alle 19.
5. Luisa ha deciso di _____ un vestito nuovo per la festa di fine anno a scuola.
6. Il ragazzo _____ dal negozio senza aver comperato nulla.
7. La modella si _____ più volte la gonna, ma la taglia non le andava bene.
8. Lo stilista _____ di ricavare dalla stoffa il miglior modello possibile.
9. Lisa, per il suo matrimonio, quest'anno, _____ farsi creare un modello di vestito da sposa su misura unico.
10. Osvaldo _____ improvvisamente idea e decise di non acquistare più il doppiopetto che prima gli piaceva così tanto.

"È possibile avere l'indirizzo o il numero di telefono di Muriel?" chiese Rosa al direttore che, dopo aver raccontato tutto, sembrava alquanto sollevato.

"Io non ce l'ho, ma Muriel è piuttosto famosa a Milano. So che ha fatto la pubblicità per una nota marca di biancheria intima lo scorso anno e ha partecipato anche a un calendario *Lavezza*. So che è una modella di Rubino Foratti. Le posso fornire l'indirizzo del suo atelier. È in via Borgonuovo. Non le sarà sicuramente difficile arrivare a lei."

"Il commissariato di Venezia mi ha anche prenotato una stanza qui per questa notte, vero?"

"La sua camera è vicina a quella di Gatti. Le ho riservato una suite. Non si preoccupi per il conto. È nostra ospite. Ne ho già parlato al suo capo. È nostro piacere collaborare alle indagini."

Übung 32: Wie lautet das Gegenteil? Verbinden Sie!

1. piacere
2. odio
3. bellezza
4. velocità
5. flessibilità
6. passione
7. ricchezza
8. vanità
9. magrezza
10. generosità

a) bruttezza
b) disgusto
c) rigidità
d) povertà
e) amore
f) avarizia
g) lentezza
h) grassezza
i) razionalità
k) modesti

Rosa passò in rassegna la stanza di Gatti.
Purtroppo non trovò nulla di interessante.
La valigia non era stata ancora completamente disfatta.

Si informò dalla cameriera e scoprì che gli unici vestiti che erano stati appesi nell'armadio erano stati scelti e tirati fuori da lei.
Gatti non aveva quindi avuto nemmeno il tempo di disfare i bagagli.
Era evidentemente uscito subito.

Übung 33: Wie lautet der Plural? Setzen Sie ein!

1. albergo _____

2. camera _____

3. stanza _____

4. cameriere _____

5. direttore _____

6. facchino _____

7. campanello _____

8. chiave della camera _____

9. servizio in camera _____

10. entrata _____

Non aveva con tutta probabilità trascorso la prima notte in hotel.
Forse era stato da Muriel.
Il giorno dopo era andato direttamente dall'appartamento di lei alla sfilata.
Rosa passò velocemente nella sua stanza a lasciare i bagagli e si avviò poi al piano di sotto.
Prese un taxi e andò in via Borgonuovo.

Übung 34: Wie lautet das passende Adverb?

1. con tutta probabilità   _____
2. con chiarezza   _____
3. con serietà   _____
4. con arrendevolezza   _____
5. con velocità   _____
6. con squisitezza   _____
7. con arroganza   _____
8. con amicizia   _____

Per la strada eleganti signore facevano la fila davanti alle boutique, stracolme di clienti durante la settimana delle sfilate, e ai negozi di design e di artigianato artistico, sempre più diffusi a Milano.
Nei caffè e nei negozi si vedevano molte modelle, che in quel periodo si mescolavano alla gente.
Alcuni manager in giacca e cravatta, che passavano di fretta per le vie, le squadravano dalla testa ai piedi, anche se spesso erano per lo più presi a rispondere al cellulare o a correre di nuovo in ufficio o al prossimo appuntamento.
Rosa pensò quanto questa città fosse diversa dalla sua Venezia, dove la vita scorreva a un ritmo molto più lento, quasi come quello dell'acqua che solcava pigra i canali.

Übung 35: Wie lautet der Plural? Setzen Sie ein!

1. l'elegante signora   _____
2. la folta pelliccia   _____

3. il corpetto rosso _____

4. la gonna a pieghe _____

5. l'abito a doppiopetto _____

6. il cappello di feltro _____

7. la camicia panterata _____

8. il tacco a spillo _____

9. la sciarpa di seta _____

10. il vestito rosso _____

L'atelier di Foratti era stato da poco totalmente ristrutturato. Comprendeva anche un caffè, una libreria, un cinema d'essay e un teatro dove si organizzavano eventi artistici.
Rosa dovette aspettare almeno un'ora prima di riuscire a parlare con lo stilista.
Fu lasciata nella saletta di attesa in compagnia di un segretario molto gentile, di aspetto decisamente gay, sottolineato dalla scelta di una camicia a fiori e di pantaloni rosa.
La colmò di mille cortesie.
Le offrì caffè e pasticcini per alleviarle l'attesa.
La sommerse di riviste di moda e di pettegolezzi.
Le mise un sottofondo musicale feng shui, con rumori di acqua che scorreva e di onde del mare che si adattavano benissimo all'arredo minimalista e zen dell'ufficio.
Alla fine Rosa era perfettamente informata sugli ultimi avvenimenti mondani, ma aveva quasi perso le speranze di incontrare lo stilista, quando vide finalmente arrivare Foratti.
Era vestito tutto di bianco, con pantaloni attillatissimi che gli segnavano i fianchi.

Übung 36: Ersetzen Sie die folgenden Adverbien durch eine Präposition in Kombination mit einem Substantiv!

1. continuamente — *in continuazione*
2. silenziosamente — _____
3. pigramente — _____
4. consapevolmente — _____
5. generalmente — _____
6. attentamente — _____
7. pazientemente — _____
8. frettolosamente — _____
9. improvvisamente — _____
10. istintivamente — _____

"Commissario Nicoletti, mi scuso, ma ho pochissimo tempo! La cosa ideale è che Lei mi segua mentre facciamo le prove della sfilata di domani. Si tratta della linea di biancheria intima, un nuovo marchio che lancio adesso sul mercato!"
"La linea di abbigliamento donna l'ha già presentata quando c'era Gatti, vero?"
"Sì, sia la linea di prêt-à-porter che quella di alta moda. Ho sentito che Gatti è sparito! Credo di essere stato uno degli ultimi ad averlo visto in giro… L'ultima volta era sulle tracce di quella modella…"
"Muriel?"
"Macché Muriel! Quella è già una storia vecchia! Si trattava di una nuova, una certa Raifa… Una bionda, una svedese! L'ha vista sfilare col mio vestito rosso l'altro giorno. Quella significa guai. L'ho

capito dal primo istante in cui l'ho vista. Oggi non si è nemmeno presentata alle prove! Lo dicevo io, che ci portava solo grane!"
"Quindi è sparita anche lei!"
"Non credo, magari oggi non aveva voglia di lavorare o pensa di essere talmente brava da poter fare a meno delle prove! Sa, a volte le modelle sono così. Sono capricciose come bambine! Raifa non è famosa, ma sa di avere talento e fascino. A parte me, ha già ricevuto diverse proposte! So che l'hanno vista ieri sera in discoteca! O così almeno mi hanno detto! Al *Blu Moon*, dove vanno sempre le modelle quando sono in città. Se vuole ci possiamo andare insieme stasera. È il posto ideale per scoprire tracce di Gatti. Quando è in città ci va sempre. Stia sicura che se è a Milano, lo trova sicuramente là."

! *Übung 37: Welche Konjunktionen haben die gleiche Bedeutung? Verbinden Sie!*

1. è meglio che   a) qualora
2. finché   b) a patto che
3. purché   c) è preferibile che
4. fuorché   d) cosicché
5. sebbene   e) dato che
6. poiché   f) nonostante
7. in modo che   g) fino a quando
8. se   h) tranne che

"Non ha paura che gli sia successo qualcosa di brutto?"
"In che senso?"
"Potrebbe essere stato ucciso!"
"E chi avrebbe interesse a ucciderlo? Guadagnano tutti dalla sua attività! Mi creda: è meglio per tutti se resta vivo, almeno nel

mondo degli affari. L'unica persona che, a pensarci bene, potrebbe veramente odiarlo è la moglie. Con tutte le corna che le ha messo! Non ci sarebbe proprio da meravigliarsi se decidesse di farla finita con lui! Se non lo ha ancora fatto probabilmente è solo per i soldi… Ma la prego, mi segua!"

Übung 38: Welche Substantive und Verben gehören zusammen? Verbinden Sie!

1. annodare
2. pettinare
3. cucire
4. truccare
5. indossare
6. calzare
7. ricamare

a) una scarpa
b) una stoffa con un'altra
c) una tovaglia
d) i capelli
e) la cravatta
f) gli occhi
g) un vestito

Foratti, con un'andatura decisamente effeminata, muovendo le anche meglio di una donna, condusse Rosa per diversi corridoi e stanze, fino allo spazio dove si preparavano le modelle.
Rosa si sentì un po' imbarazzata.
Si trovò infatti di fronte a una marea di ragazze bellissime.
Alcune erano nude, altre seminude. Si cambiavano capi di biancheria intima alla velocità della luce.
Erano inseguite nei loro movimenti da parrucchieri e truccatori che le ritoccavano qua e là.
Si misero a ridere e a scherzare appena videro entrare Foratti.
Dovevano essere abituate alla presenza di estranei, perché non si stupirono affatto nel vedere entrare Rosa.
Non erano minimamente imbarazzate.

"Posso parlare con Muriel?" chiese Rosa, abbassando d'istinto lo sguardo.

"Certo, è quella ragazza là in fondo! La vede? Ha indosso uno slip di pizzo rosso. Non le paiono tutte bellissime, le mie ragazze? Ha ancora domande per me?"

"Non credo, ma se per Lei non è un problema, verrei stasera in discoteca. Credo anch'io che sarebbe utile per la mia indagine…"

"Mando un ragazzo a prenderla verso le 23!"

"Così tardi?"

"Ma commissario Nicoletti, dove vive?"

"A Venezia"

"Capisco, Venezia non ha una vita molto movimentata, vero? Di solito nelle discoteche di Milano la vita comincia solo a quell'ora, anche dopo la mezzanotte, per essere sinceri! Possiamo comunque incontrarci prima, così prendiamo un drink e parliamo ancora con calma."

"Va bene" replicò Rosa, adesso un po' a disagio per essersi rivelata donna non proprio di mondo.

Del resto non sapeva nulla dell'ambiente della moda.

Übung 39: Schreiben Sie die Zahlen in Ziffern!

Quanti anni hai?

1. sedici _____
2. nove _____
3. otto _____
4. venti _____
5. quattordici _____
6. novantatré _____

Lavorava tutto il giorno e spesso anche la notte, per cercare di risolvere i casi. Non si era mai troppo interessata alle tendenze del mercato. Vestiva a suo modo, ecco.

A parte le serate con Lombardo, non aveva tempo per darsi ai bagordi. Venezia non era poi di sicuro una città nottambula, anche se negli ultimi anni erano stati aperti alcuni locali e nuovi bar, grazie soprattutto al costante afflusso di stranieri.

Lei però era spesso troppo presa dal lavoro per frequentarli.

"Ci andrò magari presto con Ludovico" si ripromise. "Un po' di pausa dalla solita monotonia farà bene a entrambi."

Übung 40: Wie lautet der Singular? Setzen Sie ein!

1. le anche _____

2. i fianchi _____

3. le gambe _____

4. le spalle _____

5. le mani _____

6. le viti _____

7. le schiene _____

8. le braccia _____

9. le caviglie _____

10. i piedi _____

Foratti nel frattempo si era messo a sculacciare allegramente una sua modella, che era pronta per uscire in passerella.

"Su con quel posteriore, carina!" le urlò scherzando. "Non vorrai mica che domani i fotografi dicano che non hai il sedere!"

La modella, una bellissima ragazza di colore dal corpo di pantera, con indosso un body grigio perla, gli sorrise ammiccante.

Uscì poi in passerella ancora più carica, al ritmo della musica frenetica dei Queen.

Era chiaramente felice dell'attenzione dello stilista nei suoi riguardi.

"Per fortuna sono solo le prove! Ho ancora molte cose che non mi convincono da sistemare!"

"Capisco" replicò Rosa, stordita da tutto quel caos.

"Tornando a noi, commissario Nicoletti, mando un ragazzo a prenderla con l'auto all'albergo verso le 23–23.30!"

"Va bene, a dopo, signor Foratti!"

"A dopo! Mi permetta di offrirle uno dei miei capi da indossare stasera, qualcosa di sexy! Glielo farò recapitare all'hotel!"

"La ringrazio, ma non si deve disturbare…"

"Si immagini, è un piacere! E poi se non è vestita trendy, stasera di sicuro non entra in quel locale! Sa, sono molto selettivi, specialmente durante la settimana delle sfilate! La faccio in ogni caso mettere sulla lista, la *guest list*!"

"A stasera allora!"

Übung 41: Schreiben Sie die Uhrzeiten aus!

Che ore sono?

1. 7.30 _____

2. 14 _____

3. 2 _____

4. 9.45 _____

5. 11.15 _____

6. 12 _____

7. 23 _____

8. 24 _____

Rosa fu felice di lasciare Foratti. Aveva bisogno di una pausa.
Foratti era di sicuro un artista. Era un uomo dalla personalità molto eclettica e forte.
Rosa capiva ora perché i suoi capi potessero essere così particolari, tra i più originali nel mondo della moda.
Continuava però a parlare a raffica, senza un attimo di tregua.
Il tutto le faceva venire un certo mal di testa.
O forse era Milano a turbarla. Doveva abituarsi a quel ritmo da grande città.
Ma per una donna come lei, abituata ad avere a che fare con spietati criminali, non sarebbe stato così difficile.
Un altro giorno e Milano sarebbe stata sua!

Übung 42: Wie lautet der Infinitiv der folgenden Verben? Setzen Sie ein!

1. continuava _____

2. scherzò _____

3. piagnucolava _____

4. accarezzò _____

5. tocca _____

6. luccicavano   _____

7. turbò   _____

8. saltò   _____

9. abituò   _____

10. parla   _____

Nel frattempo si sentiva però abbastanza stanca.

Si avviò veloce verso Muriel, prima che scomparisse con le altre modelle in passerella.

"Muriel?"

"Sì, desidera?" le fece di rimando la modella, con un tono piuttosto seccato. "Come vede non ho molto tempo. L'ha mandata Armando, per caso? Gli ho già risposto che non lavorerò mai più per lui."

"No guardi, credo ci sia un equivoco…"

Muriel però, che si stava sistemando il trucco davanti a uno specchio, non la lasciò continuare.

Übung 43: Welche Begriffe passen nicht zur Stadt Mailand? Unterstreichen Sie!

1. Duomo	Piazzale Santa Lucia	Galleria
2. Montenapoleone	negozi	*bàcari*
3. taxi	metropolitana	vaporetto
4. Navigli	canali	autostrada
5. marinai	stilisti	modelle

"L'ultima volta mi ha fatto notare che avevo un sedere troppo grosso! A me, Muriel, capisce? Un'offesa così non l'ho mai subita in tutta la mia vita! Un'umiliazione imperdonabile, dato che l'ha detto di fronte alle altre modelle!"

"Che caratterino!" pensò tra sé Rosa.

La ragazza era di sicuro capace di grande passione, ma anche di attacchi d'ira. Non le sarebbe stato difficile commettere un omicidio in un raptus di follia o per un attacco di rabbia.

"Guardi, Muriel, mi faccia spiegare…"

"Primo, non mi chiami per nome. Non sono certo sua amica o sua sorella, io! E poi dov'è finita la truccatrice? Rosalba, Rosalba, vieni qui! Non vedi l'ombretto? Come ti è venuto in mente di usare il giallo? Mi pare di essere un pagliaccio! Togli, per favore! Meno male che sono le prove!"

Übung 44: Setzen Sie das passende Verb in die Lücke!
(aprì – strofinò – strizzandole – chiudere – truccò)

1. Non riuscivo a _____ occhio.

2. Il ragazzo le dimostrò che gli piaceva _____ l'occhio.

3. Le entrò un po' di polvere negli occhi e se li _____.

4. Si _____ gli occhi con un po' di ombretto.

5. La mattina si svegliò di soprassalto e _____ improvvisamente gli occhi.

La povera truccatrice le si avvicinò, quasi intimidita. Cercò di tamponare con una spugnetta. Muriel si agitava e per il nervoso, con un gesto di impazienza, rovesciò sul pavimento tutti i trucchi.

La ragazza si piegò per raccoglierli, rossa in viso.

Muriel urlava come un'assatanata.

"Rosalba, è così che ti chiami vero? Da adesso in poi tu hai chiuso con me! Non ti voglio mai più vedere in giro, capito? O te o io! Lo dirò a Foratti."

La ragazza a questo punto scoppiò in lacrime.

Übung 45: Ergänzen Sie das Gespräch beim Damenfriseur mit den passenden Wörtern! (colpi di sole – moda – spazzola – taglio – frangetta – colore – messa in piega – dita – secchi)

"Desidera un (1.) _____ o solo il lavaggio e la (2.) _____ ?"

"Vorrei un taglio alla (3.) _____, giovanile, anche se non troppo sbarazzino. Sa, ho superato i 40 anni!"

"Vuole che le faccia la (4.) _____ ?

"L'importante è che tagli i capelli di almeno tre (5.) _____, in modo da far sparire le doppie punte."

"Vuole una permanente?"

"Vorrei tingere i capelli. Che (6.) _____ mi consiglia? Crede che stia bene con i (7.) _____ o con le *mèches*?"

"I suoi capelli sono (8.) _____, sottili e sfibrati. Le consiglio, in caso, una permanente leggera e una maschera di bellezza, di modo che riacquistino forza e lucentezza. Per il colore starei sul naturale, il castano o il castano ramato di rosso."

"Può usare la (9.) _____ e il fon per asciugarmi i capelli? Sotto il casco mi viene il mal di testa."

A questo punto, Rosa intervenne.

"Muriel, sono il commissario Nicoletti. Lei potrebbe essere sospettata di omicidio. Ho bisogno di farle alcune domande. Adesso."

Rosa aiutò Rosalba ad alzarsi. La povera ragazza, dopo aver sentito chi era, sembrava ancora più spaventata.

"Lei non si preoccupi. Sono sicura che la signora Johnson – è così che si chiama, vero? Muriel Johnson? Scusi, ma non sono molto pratica del mondo della moda… – Dicevo, sono sicura che la signora Johnson, non dirà assolutamente nulla a Foratti contro di Lei. Non è vero?"

Muriel era improvvisamente ammutolita.

Si capiva dalla sua espressione stupita che non le era ancora chiaro di cosa si trattasse, ma aveva capito che era una cosa seria o che comunque potevano nascere dei problemi.

Sapeva, come ogni modella, di non aver bisogno di cattiva pubblicità. Nonostante avesse i nervi a fior di pelle, si sedette e cercò di calmarsi. Chiese anche una pausa, quando una ragazza le si avvicinò per dirle che era arrivato il suo turno in passerella.

"Dica a Foratti che sto parlando con la polizia. Capirà di sicuro. Ho visto che la signora Nicoletti è arrivata insieme a lui, prima."

Rivolse lo sguardo, fattosi miracolosamente mansueto, verso Rosa.

Übung 46: Ergänzen Sie die Sätze mit den passenden Wörtern!
(massaggi – punta – rossetto – fondotinta – cellulite – ombretto – pedicure – rosso)

1. È possibile avere una manicure e una _____?

2. Preferisce le unghie a _____ o arrotondate?

3. Per le unghie dei piedi vorrei un colore _____, ma per quelle delle mani preferisco una tinta più discreta.

4. Fate anche il make-up? Ha un _____ da farmi vedere? Voglio che mi faccia le labbra più carnose.

5. Mi consiglia un _____? Per la mia pelle credo vada meglio un colore chiaro.

6. Questo _____ viola è troppo forte per i miei occhi. Non ha un colore più naturale, marrone per esempio?

7. Che tipo di _____ fate? Avete solo il tipo svedese o anche quello asiatico?

8. Vorrei che mi consigliasse un buon prodotto per combattere la _____. Ho un problema di buccia d'arancia sulle cosce.

"Allora mi dica, di cosa si tratta stavolta?"
"Ha già avuto problemi con la giustizia?"
"Se indagherà nel mio passato, scoprirà che ho avuto qualche problema di droga, da anni superato, per fortuna. Una volta sono stata denunciata da una mia parrucchiera per molestie… Altro non mi risulta."
"Ha fatto bene a mettere subito le carte in tavola."
"L'avrebbe scoperto in ogni caso, quindi è inutile nasconderle le cose. Mi dice però adesso di cosa si tratta? Mi rende nervosa…"
"Davvero non ne ha idea?"
"Le giuro, non saprei."
"Il signor Rosato Gatti è scomparso da quasi due giorni. Nessuno sa dove sia."
"Per me è scomparso dall'altra sera. Ha dormito da me la prima notte in cui è arrivato a Milano."
"Lo sospettavo. Da quanto tempo siete amanti?"

Muriel si toccò nervosamente i capelli. Abbassò la testa con un gesto quasi isterico, per rialzarla subito dopo e fissare Rosa dritto negli occhi.
"Vedo che anche Lei non ha peli sulla lingua…" le fece notare irritata.
"È inutile perdere tempo con giri di parole."
"Ha ragione. Io e Rosato ci conosciamo da ben cinque anni. Sono la sua amante fissa da tre anni e da due anni mi ha comperato un appartamento sul Naviglio Grande, dove vivo."
"Vi vedete spesso?"
"Almeno una volta al mese. Mi ha promesso più volte di lasciare la moglie. Come vede, finora non l'ha fatto."

Übung 47: Übersetzen Sie!

Lei veste sempre all'ultima moda.

È un vestito su misura. Me lo sono fatto fare dalla sarta.

3. Che taglia porta?

4. Alle svendite di fine stagione si trovano delle vere occasioni.

5. Questo vestito firmato è molto bello.

"Non si è preoccupata di non averlo sentito ieri?"
"Io sono l'amante, non la moglie. Non mi telefona mai ogni giorno. Mi manda messaggi sms, tra cui la buonanotte. In effetti, dalla

prima sera non l'ho più sentito, ma non ci ho pensato. Durante la settimana delle sfilate, tra feste e party in discoteca, sono in giro ogni notte fino alle quattro! Tra lavoro e piacere non mi resta molto tempo per pensare! Specialmente a Rosato."

"Non è gelosa?"

"Detto in tutta sincerità: il rapporto tra me e il signor Gatti non si basa sull'amore…"

"Ma ha detto prima che ci terrebbe lasciasse la moglie…"

"Vorrei sposarmi. Ma non credo più all'amore, purtroppo, da molto tempo."

"È rimasta 'scottata'?"

"Queste sono cose personali, se non le dispiace."

"Ha ragione."

Adesso era Rosa a sentirsi in imbarazzo. In effetti quello che Muriel faceva nella sua vita privata non la riguardava.

Übung 48: Übersetzen Sie!

1. Anzug _____

2. Konfektionsanzüge _____

3. Schneider _____

4. Zweireiher _____

5. Jackett _____

6. kurzärmelige Hemden _____

"Bene, ha altre domande? Come vede sono molto presa, oggi…" ne approfittò per dirle Muriel, vedendo che l'aveva colta in un attimo di debolezza.

"Non credo. Le lascio però il mio numero di telefono. Mi chiami se le viene in mente qualcos'altro. La prego anche di non lasciare la città finché il caso non è concluso. So che voi modelle viaggiate molto."

Rosa si accorse che Muriel, dopo le sue parole, era di nuovo molto infastidita. Si alzò in piedi di scatto.

"Perché? Non mi dica che sono sospettata? E per che motivo? Inoltre: è successo qualcosa di brutto a Rosato? Mi dica la verità, per favore! In fondo anch'io gli voglio bene!"

"Per il momento è solo scomparso. Non si sa più nulla di lui, ma tutto è possibile, come sa…"

"Mi auguro che non gli sia successo nulla di brutto. In fondo è stato l'uomo più buono della mia vita finora. Sa, non sono mai stata molto fortunata in amore…"

"L'avevo capito. La terrò informata dei risvolti dell'indagine."

"La prego, mi chiami appena sa qualcosa. Le devo confidare che ho provato a chiamarlo tutto il giorno, ieri. Il suo cellulare lo dava irraggiungibile. Mi sono messa a piangere, perché ho pensato fosse con un'altra donna. Sarebbe in ogni caso meglio che saperlo in pericolo."

"Quindi non è stata completamente sincera con me, prima. Comunque non si preoccupi. Vedrò di risolvere questo mistero al più presto!"

"In bocca al lupo!" le fece Muriel, che si era sorprendentemente addolcita.

Rosa la osservò sgattaiolare via sulla passerella, leggera come una gazzella.

Übung 49: Wie lautet das Gegenteil der Adjektive? Setzen Sie ein!

1. buono _____

2. brutto _____

3. colto _____

4. sicuro _____

5. ordinato _____

6. deciso _____

7. puntuale _____

8. sincero _____

9. vero _____

10. maturo _____

Quando tornò in albergo, Rosa era esausta. Aveva subito anche un'ora di coda in taxi, nel traffico di Milano, dopo essere uscita dall'atelier.

Sarebbe stato meglio prendere la metropolitana, ma aveva creduto di impiegare meno tempo in auto. Un errore imperdonabile.

Abitando a Venezia, in fondo, Rosa non era molto avvezza ai mezzi di trasporto.

Scorse nella hall il direttore dell'hotel, che le dispensò di nuovo mille sorrisi.

Strano, ma le sembrava particolarmente nervoso.

Anche lui. Erano tutti nervosi a Milano, quel giorno.

Rosa sapeva di dover dormire prima della serata. Voleva essere lucida in discoteca.

Negli ultimi tempi, tra casi da risolvere e le lune di Giuseppe, non era riuscita a riposare molto nemmeno a Venezia.

Prima di stendersi qualche ora sul letto, decise però di chiamare Lombardo.

Sperava che avesse buone notizie per lei.

Übung 50: Gehen Sie mit Lombardo einkaufen! Ergänzen Sie das Gespräch mit den passenden Wörtern! **(scuri – lino – di moda – mezza stagione – pennello – spalle – stoffa – guardaroba – abito)**

"Voglio portare un'amica a teatro. Mi sono accorto che non ho più nulla _____. Devo rinnovare il mio _____.

"Cosa desidera esattamente?"

"Vorrei un _____ estivo dal taglio classico! Qualcosa che smagrisca!"

"Ho uno splendido abito di _____. Vedrà che le starà a pennello!"

"Il lino si sgualcisce troppo facilmente addosso. Non ha un altro tipo di _____?"

"Ho uno spezzato, allora, un capo di _____ con un tessuto molto leggero."

"È troppo chiaro. Preferisco i colori _____. Sa, devo andare a un concerto…"

"Provi questo, allora! Le dovrebbe stare a _____."

"La giacca non mi cade bene sulle _____."

"Se vuole la posso far sistemare dal sarto."

"Pronto!"
"Pronto, Rosa?"
"Sì, sono io."
"Ho visto il tuo nome sul cellulare!" fece lui, felicissimo di sentirla.

"Hai novità?"

"Ho buone notizie, Rosa. È stato un po' difficile riuscire a ottenere le informazioni desiderate, perché l'avvocato diceva di essere vincolato dal segreto professionale. Quando però gli ho detto che il signor Gatti poteva trovarsi in serio pericolo, anche di vita, se non essere già morto, ha accettato di rispondere alle mie domande."

"Hai scoperto che tipo di testamento ha redatto o se ha fatto accordi prematrimoniali?"

"Pare, in effetti, che non ci sia un accordo prematrimoniale e che alla giovane moglie vada nulla, nemmeno la casa, in caso di divorzio."

"Questo sarebbe già un buon motivo per un omicidio, dato che la moglie ora ha pure un amante!"

"Ma c'è di più, Rosa… Non so nemmeno se la moglie ne sia informata, credo proprio di no…"

"Di cosa si tratta? Non fare il misterioso, Ludovico!"

"Pare che Gatti abbia voluto cambiare il testamento qualche mese fa. Una parte del suo patrimonio andrebbe anche a una modella con cui ha una relazione da tempo… Una certa Mariel? Mariot?"

"Muriel, una certa Muriel."

"Sì, è proprio questo il nome. Ma mi raccomando Rosa, ufficialmente non deve trapelare nulla. L'avvocato conta sulla nostra discrezione. Ci ha passato queste informazioni solo perché ritiene siano utili all'indagine, per il bene di Gatti."

"Non preoccuparti, queste informazioni rimarranno solo tra noi. Come hai capito anche tu, sono comunque fondamentali per l'indagine. Ora mi sorge davvero il sospetto che Gatti possa essere stato assassinato. Ci sono almeno due persone che lo vogliono morto…"

"La moglie e l'amante! Certo che questo Gatti alla fine non è molto amato!"

"Non lo so, Ludovico, ma ho come la sensazione che ci sia dell'altro..."

"Cosa intendi dire?"

"Foratti mi ha parlato anche di una giovane modella. Forse si è scatenata una scena di gelosia da parte di Muriel. Credo che ne sarebbe capace, da quello che ho potuto vedere."
"Stai seguendo altre piste?"
"Stasera vado in discoteca, spero di riuscire a scoprire qualcosa di più!"
"In discoteca? Tu, Rosa? Mi raccomando, stai attenta, mi hanno detto che gli uomini di Milano sono molto galanti!"
"Ludovico, fai il geloso, adesso? Ci vado solo per lavoro! E poi mi porto anche la pistola. In questi casi non si sa mai…"
"Quando torni a Venezia? Non è che Milano ti fa diventare mondana?"
"Non preoccuparti, già domani sarò di ritorno a Venezia."
"Vuoi che tenga sotto osservazione la giovane Sara Gatti, nel frattempo?"
"Non credo che ce ne sia bisogno, sinceramente. Ha già ammesso in fondo di avere una relazione extraconiugale con Mirko."
"Va bene, Rosa, ma se ho tempo passerò in ogni caso a dare un'occhiata attorno al palazzo, stasera."
"Va bene, fa' come vuoi, Ludovico. Stai attento, però!"
"Anche tu, fai attenzione ai milanesi! Buona serata, Rosa! Un bacio!"
"Anche a te, Ludovico!"

Übung 51: Übersetzen Sie!

1. Wie ist deine Telefonnummer?

2. Darf ich das Telefon bitte benutzen?

3. Ich hätte gern eine Telefonkarte.

4. Gibt es hier in der Nähe eine Telefonzelle?

5. Dürfte ich im Telefonbuch nachschlagen?

6. Seine Telefonnummer ist in den Gelben Seiten.

7. Wie ist die Vorwahl von Mailand?

8. Die Verbindung ist weg.

9. Die Leitung ist besetzt.

10. Die Nummer ist immer besetzt.

11. Die Leitung ist frei, aber es meldet sich niemand.

12. Ich habe eine Nachricht auf dem Anrufbeantworter hinterlassen.

Rosa riattaccò e aprì il pacchetto che era sul letto con un biglietto. Lo lesse: "Un vestito adatto a una splendida donna!"
Non era firmato, ma doveva essere di Foratti.
Disfò il grande fiocco rosso.
Tirò fuori il vestito dalla scatola. Si trattava di un tubino di tessuto elasticizzato rosso. Era indubbiamente sexy, dato che lasciava scoperta la schiena e aveva una profonda scollatura.

"Riuscirò a entrarci?" si domandò Rosa, mentre davanti allo specchio si appoggiava addosso quel capo minuscolo.
Preferì lasciare la risposta per dopo.

Übung 52: Gehen Sie in Mailand in der bekannten via Montenapoleone einkaufen! Ergänzen Sie die Sätze mit dem richtigen Verb! **(preferisco – sta – vuole – accomodi – entrarci – è – fatta – mostra – provare – vedo)**

1. Vorrei _____ il vestito che è in vetrina.
2. Si _____ in cabina, così può vedere come le sta il vestito.
3. Vuole guardarsi allo specchio? Come le _____?
4. Quella gonna le sta benissimo. Sembra _____ su misura per lei.
5. Crede che mi stia bene questa camicetta? Non mi ci _____.
6. Questo vestito è troppo piccolo. Non riesco a _____.
7. Questo vestito _____ troppo vistoso per me. Ha una scollatura esagerata.
8. _____ una gonna sopra il ginocchio. Non mi sento a mio agio con la minigonna.
9. _____ un vestito a righe, in tinta unita, a fiori o con una fantasia particolare?
10. Mi _____ anche le gonne? Ne vorrei una a tubino.

Si fece un bagno e si mise subito a letto. Avrebbe chiamato il capo per comunicargli le prime novità l'indomani.
Per il momento non aveva ancora nulla di concreto da dirgli.

Übung 53: Unterstreichen Sie das nicht passende Wort!

1. Una gonna può essere:
   a) a pieghe
   b) con lo spacco
   c) con una fessura
   d) dritta
   e) a campana

2. Un vestito può essere:
   a) scollato
   b) rigido
   c) tinta unita
   d) a righe
   e) di pura lana

3. Tra la biancheria intima si trovano:
   a) reggiseni
   b) mutande
   c) boxer
   d) calzini
   e) slip

4. Le calze possono essere:
   a) rete
   b) bucate
   c) con la giarrettiera
   d) autoreggenti
   e) smagliate

5. Un pullover può essere:
   a) con lo scollo a punta
   b) di canapa
   c) con il collo alto
   d) di pura lana vergine
   e) dolcevita

6. Le scarpe possono essere:
   a) con il tacco basso
   b) con il tacco alto
   c) col tacco ovale
   d) col tacco a spillo
   e) senza tacco

Quando si avviò verso l'uscita le venne di nuovo incontro il direttore. Era chiaramente troppo nervoso. Milano non c'entrava per nulla col suo atteggiamento.

Nascondeva di sicuro qualcosa. Rosa si rese conto che non le doveva avere raccontato tutta la verità.

"Che meraviglia, commissario Nicoletti! È bellissima con questo abito!" ammiccò petulante.

"Mi domando ancora come ho fatto a entrarci!" ribatté lei, più infastidita che altro.

"Ma cosa dice? Sta veramente benissimo! È già arrivata l'auto con l'autista del signor Foratti. L'aspetta qui di fronte."

"Grazie, avrebbe tempo domani mattina? Vorrei farle ancora qualche domanda prima di partire…"

Vide trasparire chiaramente dal viso del direttore il turbamento.

"Perché, ci sono stati risvolti nell'indagine?" si azzardò a domandare.

"Non tema. È solo una formalità… Lei piuttosto, è sicuro di non avere nient'altro da dirmi?"

Il direttore non le rispose. L'aveva accompagnata fino alla macchina che l'attendeva già da mezz'ora.

Chiuse la porta di fronte a lei senza proferire parola.

Rosa si convinse che doveva saperne più di quello che le aveva voluto far credere.

L'avrebbe messo sotto torchio il mattino dopo.

Übung 54: Welche Wörter passen zusammen? Verbinden Sie!

1. una camera
2. una spiaggia
3. il bagno
4. camera doppia o
5. colazione
6. aria
7. mezza
8. lettino

a) singola
b) condizionata
c) matrimoniale
d) privata
e) per il bambino
f) in camera
g) inclusa
h) pensione

Davanti alla discoteca, c'era un gran movimento di ragazzini e di gente più adulta. Nel gruppo si distinguevano perfino uomini sui

30 e i 40 anni in giacca e cravatta. Volevano tutti entrare, perché si era sparsa la voce che quella sera nel locale ci sarebbero state le modelle.

In effetti, la notizia era fondata.

"Alcuni uomini hanno una vera e propria fissazione per le modelle! Meno male che Lombardo non è così! Non mi ha fatto neppure una domanda sulle modelle, finora" pensò tra sé Rosa.

Per fortuna, appena diede il suo nome, il buttafuori lo controllò su un elenco e la fece subito entrare.

Nella discoteca si imbatté immediatamente nel corpo di Muriel che si muoveva come un robot al suono della musica e all'alternarsi delle luci psichedeliche.

Era talmente impegnata nei suoi movimenti che non si accorse della sua presenza.

Da lontano, emergendo tra la massa di gente danzante, si fece largo Foratti.

"Commissario Nicoletti! Finalmente! Non pensavamo di vederla più arrivare!"

"Ho cercato di dormire un po' prima di uscire. Sa, negli ultimi tempi ho avuto giornate abbastanza impegnative."

"Capisco, con tutte le indagini che l'aspettano anche ora, quando torna a Venezia... Immagino che Gatti sia solo uno dei suoi numerosi casi. Aveva ancora bisogno di parlarmi?"

"Sì, stasera speravo di rintracciare Raifa, quella modella di cui mi ha parlato ieri. Si ricorda? Mi ha detto che l'ultima volta che ha visto Gatti andava dietro a quella donna."

"Dovrebbe venire qui questa sera, ma ancora non l'abbiamo vista. Si sieda insieme a noi, la prego!"

Rosa seguì Foratti, stretta nel suo vestito. Le sembrava quasi che le mancasse il fiato tanto stringeva.

"Speriamo regga..." si disse fra sé, un po' preoccupata.

Übung 55: Welche Gegenteile gehören zusammen? Verbinden Sie!

1. preoccupato
2. piano
3. grasso
4. amico
5. amorevole
6. lento
7. allegro
8. imprudente
9. arrogante
10. bello

a) magro
b) brutto
c) odioso
d) triste
e) tranquillo
f) nemico
g) forte
h) modesto
i) cauto
k) veloce

Su un divanetto si trovava il compagno di Foratti, un ragazzone tra l'asiatico e l'occidentale, dai profondi occhi neri a mandorla e il volto olivastro. Accanto a lui c'era una donna, un'altra stilista.
Rosa ricordava di averla vista fotografata su qualche rivista di moda o sul *Gazzettino*, ma non le veniva in mente come si chiamasse.
Accanto a lei c'era una modella, un'altra splendida ragazza che aveva visto fotografata per l'ultima pubblicità *Chonel*.
Rosa non riuscì a prendere parte al loro dialogo. Faceva fatica a seguire i discorsi, perché non ne conosceva il contesto.
Erano in ogni caso chiacchiere che non riguardavano più di tanto la sua indagine.
Non se ne preoccupò, quindi.
Parlarono principalmente di moda, di nuove tendenze, ma anche di un appartamento che Foratti pensava di ricavare da un loft di New York.
"Mai stata a New York?" le chiese di scatto il compagno di Foratti, cercando di coinvolgerla nella conversazione.
"No, mi piacerebbe, ma non sono mai stata negli Stati Uniti."

"Mai stata negli Stati Uniti? Che orrore!" le fece eco la modella, che ora le sembrava molto più giovane che sui cartelloni pubblicitari. Avrà avuto sì e no 18 anni.

Rosa si lasciò convincere da Foratti a ballare con lui. Del resto la musica non era male. Si diceva che il dj della serata fosse famoso e venisse direttamente da New York.

Übung 56: Setzen Sie die passende Konjunktion ein!
(affinché – mentre – come – che – se – basta che – finché – purché)

1. Voleva sapere _____ stasera venivi in discoteca.

2. Mi sembra _____ la cubista stasera balli ancora meglio del solito.

3. Se non hai voglia di ballare, fai _____ vuoi!

4. Ho deciso di rimanere _____ la discoteca non chiude.

5. Sono andato a prendere un cocktail _____ la mia ragazza scendeva in pista a ballare.

6. Ti ho lasciato il posto libero sul divanetto _____ tu ti sedessi.

7. Se sei stanco torniamo a casa, _____ non ti lamenti.

8. Se vuoi chiedi quella canzone al dj, _____ dopo ce ne andiamo.

Quando tornarono a sedersi sui divanetti, Rosa notò con piacere che la conversazione aveva preso una piega che anche lei era in grado di seguire.

"Rosa, stavamo cercando di immaginare il tuo segno zodiacale!" le disse l'amico di Foratti.

"Che cosa avete pensato?"

"Per Drue e Rosy sei della Vergine. Per me invece sei dell'Acquario! Sai, vedo che ti intendi benissimo con Rubino e lui è del Sagittario! Non perché lo amo, ma è sempre stato il mio segno preferito! Io sono dello Scorpione. Tutto fuoco, quindi…"

"Ho sentito dire che gli Scorpioni sono molto passionali. Non leggo molto gli oroscopi, ma credo nella personalità in base ai diversi segni zodiacali. Anch'io ho tutte le caratteristiche del mio mese di nascita…"

"Ma su, dai, non fare l'antipatica! Tu di che segno sei? Svelaci questo mistero!"

"Sono dei Gemelli!"

"Ecco, lo dicevo io che eri un segno d'aria! Avvertivo qualcosa di creativo in te!"

Jerry, così si chiamava l'amico di Foratti, cominciò una lunga dissertazione su tutte le caratteristiche dei segni zodiacali.

Spiegò a Rosa che lui, che era del Cancro, dunque sensibile e riflessivo, si adattava meravigliosamente a Foratti, altrettanto sensibile, ma molto più irascibile e impaziente.

Übung 57: Wie heißen die Sternzeichen auf Deutsch?

1. Gemelli _____
2. Bilancia _____
3. Acquario _____
4. Vergine _____
5. Toro _____

6. Capricorno   _____

7. Sagittario   _____

8. Leone   _____

9. Ariete   _____

10. Scorpione   _____

11. Cancro   _____

12. Pesci   _____

"Sai Rosa, Rubino si arrabbia talmente tanto, a volte! Non c'è modo di trattenerlo, quando si arrabbia! Ma io riesco a trovare sempre la parola giusta per calmarlo."
"Solo tu ne sei capace, Jerry?" chiese Rosa, che non riuscì a celare il sospetto che Foratti potesse essere coinvolto nella sparizione di Gatti. Jerry parve leggerle nel pensiero.
"Rubino è stravagante e a volte maleducato per la sua irascibilità. Ma non sarebbe capace di far male a una mosca!"
"Non ne dubito" rispose Rosa che, dopo più di un'ora di conversazione, per altro inutile per la sua indagine, aveva sete.
Si avviò lentamente verso il bar, abbastanza sconsolata perché aveva l'impressione che quelle persone non le stessero fornendo le informazioni di cui aveva bisogno.

Übung 58: Setzen Sie die Sätze in den Konjunktiv!

1. Forse Maria arriva tardi.
Credo che Maria arrivi tardi.
2. Forse Mario è stanco.

Credo che Mario _____.

3. Forse voi mangiate troppo.

Credo che voi _____.

4. Forse hai sonno.

Credo che tu _____.

5. Forse i bambini hanno fame.

Credo che i bambini _____.

6. Forse il signor Stanghellini è italiano.

Credo che il signor Stanghellini _____.

A metà serata Rosa ebbe anche l'occasione di scambiare due parole con Muriel.

Muriel sembrava abbastanza su di giri. Doveva avere bevuto molto, quella sera.

"Signora Nicoletti! Che piacere vederla qui tra noi! Ha deciso di fare anche Lei parte del popolo della notte?"

"Solo per motivi professionali, Muriel. Almeno stasera."

Muriel esplose in una sonora risata.

"Cosa intende? Cerca di pedinarmi anche qui, adesso? Mi creda, c'è ben poco da scoprire… Credo che Rosato mi abbia lasciato, come del resto tutti gli altri uomini che sono venuti prima di lui."

"Non le ha mai parlato di volerle dare dei soldi o di liquidarla in qualche modo?"

"Mai fatto una parola di questo. E adesso non l'ho più sentito. O gli è capitato qualcosa di davvero brutto o, conoscendolo, si è messo con un'altra donna. Del resto è stato sempre un uomo di facili entusiasmi, diciamo così. Anche con me, gli è bastata una sola ora di conversazione per capire che voleva venire a letto con me. Di cosa mi meraviglio, in fondo?"

"Avete avuto una storia lunga, però…"

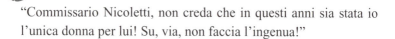

"Commissario Nicoletti, non creda che in questi anni sia stata io l'unica donna per lui! Su, via, non faccia l'ingenua!"

Übung 59: Bilden Sie Sätze nach dem vorgegebenen Muster!

1. Se-io-avere più tempo-andare in palestra ogni giorno.
Se avessi più tempo andrei in palestra ogni giorno.

2. Se-tu-avere più soldi-potere fare (noi) un viaggio in Australia.

_____

3. Se-il tempo-essere più bello-potere andare (voi) in piscina.

_____

4. Se-tu-andare prima a letto la sera-essere meno stanco la mattina.

_____

5. Se-tu-arrivare in tempo-potere andare (noi) al cinema.

_____

"Conosce una certa Raifa?"
"Non la conosco, ma so che è molto bella e giovane. Avrà 18 o 19 anni, viene dalla Svezia. Di sicuro una temibile concorrente. Dicono che si muova molto bene. È riuscita a soffiarmi perfino la nuova pubblicità della *Purla*."
"Mi hanno detto che dovrebbe venire qui, questa sera."
Muriel sussultò per un istante, parve quasi avere un mancamento.
"Nemmeno oggi si è presentata alle prove. Crede che abbia a che fare con la scomparsa di Rosato?"
"Non lo so, è quello che sto cercando di scoprire."

Übung 60: Wie lautet die passende Präposition? Setzen Sie ein!

1. presentarsi _____

2. innamorarsi _____

3. sposarsi _____

4. godere _____

5. interessarsi _____

6. abituarsi _____

7. contare _____

8. allontanarsi _____

Muriel si allungò sul bancone del bar e sussurrò qualcosa all'orecchio del barman.
"Le ho ordinato un drink! Un Cosmopolitan! È uno dei cocktail che va più di moda al momento! Lo bevono perfino le ragazze di *Sex & The City*. Conosce il telefilm, vero?"
"Ne ho sentito parlare. E grazie per il drink, ma non sono in vena di alcolici, stasera. Preferisco rimanere lucida… Sa, sto lavorando."
"La capisco, ma solo un poco non le farà male di sicuro. Ho imparato che quando una ragazza è triste, deve festeggiare!"
Poco dopo arrivarono i drink.
Muriel la salutò abbracciandola, come se fossero state da sempre grandi amiche, e la lasciò trascinandosi dietro un bel ragazzo che aveva appena conosciuto al bar.
Dal fisico poteva essere anche lui un fotomodello.
Si misero a ballare insieme sulla pista.

Übung 61: Ergänzen Sie das Gespräch mit den Verben in Klammern!

"_____ (1. avere) voglia di andare a ballare. Dove andate da queste parti? _____ (2. potere) consigliarmi un buon night-club?"

"_____ (3. aprire) il nuovo *Pasha* a Milano."

"La consumazione _____ (4. essere compreso) nel biglietto?"

"Non _____ (5. credere), ma non costa tanto. Solo 15 euro."

"E ti _____ (6. sembrare) economico?"

"Su, via, non _____ (7. fare) il tirchio!"

"Non è per fare il tirchio, ma non _____ (8. sapere) se il posto è bello!"

"È all'ultimo grido. E poi, _____ (9. preparare) ottimi cocktail!"

"Servono anche buoni whisky. Sai che io lo _____ (10. bere) solo scozzese e liscio, senza ghiaccio."

"Tu bevi anche molto gin e vodka e ti _____ (11. piacere) anche il cognac. Io non bevo invece volentieri i liquori forti."

"Ti piacciono però l'aperitivo e anche la grappa!"

"L'aperitivo lo prendo con le noccioline, le olive, le patatine e altri stuzzichini, più per _____ (12. stimolare) l'appetito. Dopo cena preferisco invece prendere un digestivo, invece di un grappino."

Rosa capì che da quella serata avrebbe ricavato ben poco.
Erano ormai le due passate. La maggior parte della gente pareva stordita dall'alcool. Il dj alternava i ritmi, cambiava incessantemente la musica, mescolava melodie pop conosciute a suoni metallici ed elettronici.
La folla lo seguiva obbediente, come i musicisti ai gesti di un direttore d'orchestra.

Übung 62: Was passt zusammen? Verbinden Sie!

1. sussurrare   a) alla porta
2. spiare   b) dal buco della serratura
3. origliare   c) all'orecchio
4. sbirciare   d) un sospettato
5. chiudersi   e) sul divano
6. raggomitolarsi   f) a chiave

Nel locale predominava il buio, tanto che per Rosa era stato difficile riuscire a leggere l'ora.
Si avviò ancora per l'ultima volta verso Foratti.
"Signor Foratti, mi dispiace disturbarla, ma avrei davvero urgente bisogno di rintracciare Raifa. Non ha per caso un suo recapito o un suo numero di telefono?"
"No, l'ho contattata tramite un'agenzia di modelle. Credo che nemmeno loro sappiano dove sia. Abbiamo telefonato oggi, quando non si è presentata alle prove, e non sono stati in grado di dire nulla. Hanno provato a chiamarla, a casa e sul cellulare. Anche a loro non rispondeva."

Übung 63: *Gehen Sie mit Rosa in das Kaufhaus La Rinascente zum Einkaufen! Ergänzen Sie die Sätze!* **(vestito – capi – spesa – indicarmi – camminare – cosmetici – magazzino – arredamento)**

"Scusi signora, sa _____ dov'è *La Rinascente*?

È vero che è il più bel grande _____ di Milano?"

"Certo, ci vado sempre a fare la _____ per la casa.

Non è distante. Ora è a San Babila, può _____ fino

al Duomo. È lì di fronte."

"Ho sentito che hanno di tutto: dall' _____ ai vestiti,

ai prodotti _____."

"Cosa cerca?"

"Un _____ da sera."

"Allora troverà di sicuro tutto lì: hanno sia _____ di

prêt-à-porter che di alta moda."

Rosa si sedette sconsolata. Mai le era parso di sprecare così tanto tempo.
"Scusi signor Foratti, ma non avrebbe potuto dirmelo prima? Mi avrebbe risparmiato probabilmente questa serata in discoteca!"
"Ma come, non si è divertita? E poi pensavo dovesse chiedermi ancora qualcosa. È già finito il mio interrogatorio?" osò dire in tono scanzonato.
Rosa non ci fece caso. Si rese conto che anche lui doveva avere alzato un po' il gomito.
Lo ringraziò ancora dell'invito. Cercò di dirgli che gli avrebbe fatto riavere il vestito, ma Foratti non ne volle sapere.

Il vestito per lui era suo, in fondo le stava perfettamente.
"Lo tenga come mio ricordo! E mi raccomando, mi faccia sapere appena ha notizie di Gatti!"
"Non tema, mi farò viva al più presto!"
Rosa tornò in albergo e rimuginò sul caso per tutta la notte.

Übung 64: Übersetzen Sie! Was lässt sich alles in einem Kaufhaus finden? (Spielzeuge – Haushaltswaren – Kasse – Aufzug – Rolltreppe – Wäsche – Kosmetika – Toilettenpapier – Frotteehandtücher – Essservice – Betttücher – Küchentücher – Schnellkochtopf – Reinigungsmilch – Gartenmöbel – Drogerieartikel – Bräunungscreme – Körperlotion)

1. prodotti cosmetici

2. arredamento per giardino

3. casalinghi

4. servizio di piatti

5. ascensore

6. scala mobile

7. pentola a pressione

8. biancheria

9. asciugamani di spugna

10. lenzuola

11. strofinacci da cucina

12. giocattoli

13. articoli di drogheria   _____

14. carta igienica   _____

15. crema abbronzante   _____

16. latte detergente   _____

17. crema per il corpo   _____

18. cassa   _____

La mattina fu svegliata da un sms di Lombardo: "Ho forse importanti notizie. Chiamami appena sei sveglia! Baci, Ludo."
Rosa pensò di richiamare Lombardo una volta arrivata a Venezia.
Il suo aereo partiva in mattinata verso le 10.
Non aveva molto tempo e voleva sentire di nuovo per bene il direttore.
Lo incontrò per colazione, davanti a un cappuccino.
"Allora, signor Moratto, è sicuro di non avere proprio nient'altro da dirmi? Sa che se dovessi scoprire che mi ha nascosto qualcosa potrebbe subirne le conseguenze? E con Lei il suo hotel…"
Il direttore estrasse un fazzoletto dal taschino della giacca per asciugarsi il sudore.
Era chiaramente agitato.
"È una minaccia?"
"È più una realtà, diciamo" aggiunse Rosa, ormai seriamente infastidita dalla piega che la faccenda aveva preso.

Übung 65: Wie lautet das Gegenteil? Setzen Sie ein!

1. sposato   _____

2. brutto   _____

3. paziente   _____

4. possibile   _____

5. facile   _____

6. efficiente   _____

7. veloce   _____

8. rumoroso   _____

9. ordinato   _____

10. organizzato   _____

Voleva arrivare alla verità. E presto. Non intendeva tornare a Venezia senza nulla in mano, anche se credeva di avere già intuito come erano andate le cose.

Quello che non sapeva era se Gatti fosse ancora vivo o meno. Probabilmente era sparito con Raifa.

Dalle indagini che aveva condotto fino a quel momento non aveva dubbio che fosse un uomo capace di fare una pazzia del genere.

Il problema era se Raifa lo avesse ucciso o meno. O magari il contrario, dato che Gatti era sposato, ma, in più, aveva un'amante gelosa.

I suoi sospetti stavano per cadere su Muriel e sulla moglie.

Su Muriel di sicuro. Le pareva che non sapesse sinceramente niente del testamento. Sulla moglie non vedeva completamente chiaro, invece.

Nulla era ancora sicuro, del resto.

Inoltre non aveva ancora idea di dove fosse Raifa.

Era nuova nell'ambiente e, da quello che aveva sentito, nessuno pareva avere badato ad altro che al suo aspetto fisico. Non esistevano praticamente notizie su di lei. Solo un nome, attorno a cui c'era il vuoto più completo.

Übung 66: Wie lautet das Substantiv? Setzen Sie ein!

1. paziente _____
2. agitato _____
3. veloce _____
4. flessibile _____
5. razionale _____
6. impertinente _____
7. onesto _____
8. arrogante _____
9. petulante _____
10. educato _____
11. maleducato _____
12. insolente _____
13. falso _____
14. corretto _____
15. particolare _____

"Conosce per caso una certa Raifa?" insinuò Rosa con uno sguardo minaccioso che non lasciava spazio a repliche.

"Ho dimenticato di dirle qualcosa a proposito del signor Gatti, ma deve capire la mia posizione. Gatti è scomparso, potrebbe anche essere morto, per quello che ne sappiamo. Non volevo che il buon nome dell'hotel fosse coinvolto in questa storia. Già abbiamo dovuto tenere a bada alcuni giornalisti del *Corriere della Sera* in questi giorni…"

"Allora mi racconti cosa è accaduto" insistette Rosa, che già stava perdendo la pazienza.

Übung 67: Setzen Sie die folgenden Wörter in die III. Person Singular Präsens!

1. basarsi _____
2. fondarsi _____
3. accumularsi _____
4. piegarsi _____
5. manifestarsi _____
6. illuminarsi _____
7. truccarsi _____
8. pettinarsi _____
9. spogliarsi _____
10. sentirsi _____

Quell'uomo le aveva fatto sprecare fin troppo tempo.
"L'ultima volta che abbiamo visto Gatti è stato subito dopo la sfilata. È entrato con una ragazza bellissima, bionda. Aveva addosso un vestitino a tunichetta color ocra. Era molto fine, con un trucco naturale dai colori pastello. Pareva molto diversa dalle solite modelle."
"Ho scoperto che è abbastanza nuova nell'ambiente."
"Sono saliti in camera, ci sono stati per circa un'ora. Poi il ragazzo della hall li ha visti scendere e salire su un taxi."
Il direttore abbassò gli occhi, vergognoso, prima di continuare.

Übung 68: Nehmen Sie ein Taxi! Ergänzen Sie das passende Wort!
(radio – stazione – via – tassametro – corsa – posteggio – libero – centrale – ricevuta)

1. Qual è il numero della _____ dei taxi?

2. C'è un servizio di _____ taxi?

3. Vorrei un taxi in _____ Borgonuovo. Aspetto davanti al portone.

4. Dove trovo il _____ taxi più vicino?

5. Taxi! Taxi! È _____?

6. Mi porti di corsa alla _____. E cerchi di fare veloce, per favore!

7. Posso pagare con la carta di credito? Quanto fa il _____?

8. Ecco qui 20 euro. Può tenere il resto. Posso avere la _____?

9. Mi può aspettare qui cinque minuti? Arrivo subito e le pago il resto della _____.

"Mi scusi molto, commissario Nicoletti, ma non credevo fosse indispensabile alle indagini. Immaginavo in ogni caso che avrebbe saputo di questa donna da Foratti. Gatti era infatti appena tornato dalle sfilate, come le ho detto… Ero sicuro che l'avesse conosciuta lì."
"Ma di cosa aveva paura, scusi? Si rende conto di aver sottratto un elemento fondamentale alle mie indagini?" inveì Rosa che davvero adesso non ne poteva più.

Se non si fosse accorta che stava mentendo e non lo avesse messo sotto pressione, non avrebbe probabilmente saputo nulla.

Übung 69: Welche Präposition gehört in die Lücke? Setzen Sie ein!

1. _____ media
2. _____ fretta
3. _____ corsa
4. _____ massimo
5. _____ caso
6. _____ tempo
7. _____ meglio

"Si rende conto che ci può essere in gioco la vita di una persona?" insistette lei furiosa.
"Il compito di un buon albergatore è anche quello di saper gestire la privacy dei suoi clienti, soprattutto quando si tratta di un hotel a cinque stelle, commissario Nicoletti!"
"Si doveva in ogni caso fidare di me. È fortunato che non sporga denuncia contro di Lei!"

Übung 70: Unterstreichen Sie das Wort mit der stärkeren Bedeutung!

1. non piacere/odiare
2. adorare/amare
3. vedere/scrutare
4. rompere/distruggere

5. festeggiare/celebrare
6. chiedere/pretendere
7. disperarsi/piangere
8. affidarsi/fidarsi

Rosa si avviò verso la porta. Un taxi la stava già aspettando per condurla all'aeroporto.
"La prego ancora di scusarmi! E la ringrazio per la sua comprensione!"
Rosa era talmente infuriata che non pensò nemmeno a salutarlo.
Salì sul taxi e si chiuse alle spalle la portiera sbattendola forte, stavolta da sola.

Übung 71: Setzen Sie die folgenden Verben in die III. Person Singular Präteritum!

1. telefonare _____
2. nascondere _____
3. dormire _____
4. disturbare _____
5. accettare _____
6. separare _____
7. vegliare _____
8. acconsentire _____

Il viaggio di ritorno fu abbastanza tranquillo. Ci fu solo una breve turbolenza al decollo da Milano.

Übung 72: Bilden Sie die III. Person Plural im Futur der folgenden Verben!

1. telefonare _____
2. piangere _____
3. rimanere _____
4. festeggiare _____
5. riposare _____
6. distinguere _____
7. apprezzare _____
8. solleticare _____
9. bighellonare _____
10. dispensare _____

Rosa, che era ancora molto stanca per la nottata precedente, dormì per quasi tutto il tempo. Telefonò a Lombardo dal motoscafo, quando era già arrivata a Venezia.

Übung 73: Lesen Sie weiter und unterstreichen Sie die Substantive!

"Pronto Rosa, sei tornata finalmente!" rispose Lombardo che aveva riconosciuto il suo numero sul cellulare.
"Ludovico, sono stata via solo un giorno!"
"Lo so, ma è sembrato in ogni caso un'eternità! A proposito, Giuseppe tutto bene. Gli ho dato da mangiare mentre eri via e ha apprezzato. Abbiamo guardato insieme la tv, mi si è seduto in

grembo facendo le fusa. È stato davvero affettuoso questa volta!" la anticipò Lombardo, ancor prima che Rosa glielo chiedesse.
"Forse so qual è la novità di cui mi vuoi parlare…"

"Davvero? Come hai fatto a indovinare?"
"Sei andato a fare la ronda attorno a Palazzo Gatti ieri sera e hai visto l'ombra di un uomo aggirarsi nelle vicinanze…"
Lombardo sussultò a queste parole.
"Rosa, ma come hai fatto a indovinare?"
"Ho chiamato il commissariato, ma pare che la moglie Sara non abbia telefonato per ritirare la denuncia di scomparsa. Ho l'impressione che stia nascondendo qualcosa."
"Io, in effetti, ho visto l'ombra di un uomo aggirarsi intorno al palazzo verso le 23. C'era la nebbia, però, e non sono riuscito a riconoscere il suo volto. Ho pensato che comunque fosse Mirko."

Übung 74: Schreiben Sie das Gerundium der folgenden Verben!

1. andare — *andando*
2. venire — _____
3. piantare — _____
4. partire — _____
5. smettere — _____
6. svenire — _____
7. finire — _____
8. saltare — _____
9. cadere — _____
10. mollare — _____

"Aveva le chiavi di casa?"

"Sì, ha aperto con le chiavi di casa. Ma credo che anche Mirko le abbia, non credi?"

"Non ne sono così sicura. In fondo, da quello che mi hanno raccontato, pare che Gatti non sappia nulla della relazione di Sara con Mirko."

"Pensi che sia possibile?"

"Ne sono convinta. Gatti pare un uomo talmente concentrato su se stesso che non è in grado di cogliere i particolari. O meglio, probabilmente i particolari della vita privata della moglie non gli interessano molto. Penso che sia profondamente convinto che lei gli sia fedele. Credo che avrebbe uno shock se scoprisse il contrario. Potrebbe anche diventare pericoloso."

"Ma con che coraggio, scusa Rosa, con la vita che conduce? Non mi pare un buon esempio per la moglie!"

"Certi uomini sono così, Ludovico. Sono convinta che Rosato Gatti sia fatto di questa pasta. Ho scoperto diverse cose su di lui durante la mia indagine. Penso di conoscerlo meglio di sua moglie!"

Übung 75: Setzen Sie die folgenden Substantive in den Plural!

1. la chiave _____
2. il favore _____
3. il portone _____
4. la casa _____
5. il rinforzo _____
6. il presentimento _____
7. il commissariato _____

"Cos'hai in mente di fare adesso?"
"Sto andando a casa Gatti. Se vuoi mi puoi raggiungere."
"Con molto piacere, Rosa. Ci vediamo lì tra mezz'ora."
"Io ci sono quasi… Puoi farmi un favore? Potresti chiamare tu il commissariato e dire di venire lì? Ho l'impressione di avere risolto il caso Gatti e, purtroppo, ho anche un brutto presentimento. Spero di sbagliarmi."
Lombardo si sentì mancare.
"Non credo sia prudente che tu entri da sola in quella casa, aspetta i rinforzi."
"So che devo intervenire subito, prima che sia troppo tardi. Tu, piuttosto, avverti subito il commissariato!"
"Consideralo già fatto, Rosa! Ci vediamo lì al più presto! Sii prudente!"

Übung 76: Übersetzen Sie!

1. I carabinieri fanno parte dell'esercito.

2. Ho preso una multa per divieto di sosta.

3. I vigili del fuoco spengono l'incendio.

4. Vorrei denunciare il furto della macchina fotografica.

5. Mi hanno scippato la borsa.

6. Mi hanno rubato il portafoglio.

_____

7. Dov'è il commissariato o il posto di polizia più vicino?

_____

Intanto il motoscafo aveva già toccato la riva di Ca' D'Oro.
Rosa pagò il marinaio e saltò giù veloce.
Strada Nuova pareva ancora più piena di turisti, quel giorno. Inoltre tutto era reso più difficile dal clima.
A Venezia, imperversava la bufera.
Una fitta pioggia cadeva tra le calli, rendendo ancora più difficile farsi largo tra gli ombrelli.
Il vento soffiava forte, con uno strano e sinistro rumore tra i tetti delle case. L'acqua scrosciava a fiumi dalle grondaie e dal motoscafo Rosa aveva udito la sirena che preannunciava l'acqua alta.
Rosa non era munita né di ombrello né di stivali di gomma. Doveva cercare quindi di essere veloce, prima di rimanere bloccata da qualche parte a causa dell'acqua.
Ogni minuto era importante.

Übung 77: Welche Präpositionen gehören in die Lücken? Setzen Sie ein!

1. so bald wie möglich   _____ più presto possibile

2. rechtzeitig   _____ tempo

3. rasch   _____ corsa

4. zufällig   _____ caso

5. so gut wie möglich	_____	meglio
6. höchstens	_____	massimo
7. durchschnittlich	_____	media
8. üblicherweise	_____	solito
9. mindestens	_____	minimo

Arrivò a casa Gatti bagnata fradicia.
Suonò più volte il campanello, ma nessuno venne ad aprire.
Notò allora che le ante di una finestra sulla sinistra, al primo piano, erano aperte.
Si arrampicò su per la grondaia, rischiando di scivolare più di una volta.
Quando arrivò alla finestra usò il manico della pistola, che portava sempre con sé nella borsetta, per rompere il vetro ed entrare.

! *Übung 78: Setzen Sie die richtige Präposition ein!*

1. Cercare _____ essere veloce.

2. Provare _____ trovare un lavoro nuovo.

3. Tentare _____ migliorare.

4. Fingere _____ non essere rimasto ferito.

5. Simulare _____ essere un'altra persona.

6. Capacitarsi _____ essere in grado di passare l'esame.

7. Far credere _____ essere ricchi.

Saltò dentro con il guizzo di una gatta. Si trovò subito davanti Sara, che era accorsa appena aveva sentito il rumore del vetro rotto.

Aveva la stessa vestaglia verde di due giorni prima, ma stavolta era strappata.
Sotto non portava nient'altro.
I capelli erano scomposti e spettinati, lasciati liberi e sciolti sulle spalle.
Gli occhi erano ancora bagnati di pianto.
Non avrebbe mai immaginato di vederla in quello stato. La sua freddezza si era come sciolta in un attacco isterico. Tutto il suo corpo tremava.
La sua maschera di apparenza era crollata. Si era sciolta sul suo viso come una statua di cera al calore del fuoco, sconvolta evidentemente da un evento inatteso, un momento dal quale non c'era ritorno.

Übung 79: Setzen Sie die Substantive in den Plural!

1. la guancia
2. la schiena
3. il fondoschiena
4. il braccio
5. il labbro
6. l'occhio
7. l'orecchio
8. il polpaccio
9. la caviglia
10. il gomito
11. la mano

12. il dito　　　　　　_____

13. la spalla　　　　　 _____

14. la fronte　　　　　 _____

15. il mento　　　　　 _____

16. il sopracciglio　　　_____

17. il ciglio　　　　　 _____

18. il collo　　　　　　_____

19. il seno　　　　　　 _____

20. la pancia　　　　　_____

21. la coscia　　　　　_____

Rosa sperava ancora di sbagliarsi, ma purtroppo conosceva ormai fin troppo bene i casi della vita.
Avrebbe voluto essere stata in grado di capire più in fretta, per arrivare prima che fosse troppo tardi.
Cercò di mantenere la calma e di ragionare.
Dall'aspetto Sara era stata sicuramente vittima di una colluttazione.
Aveva evidenti graffi sulle braccia e un leggero livido sulla guancia.

> *Übung 80: Setzen Sie das passende Verb in die Lücke ein!*
> *(avere – godere – badare – scoppiare – essere)*

1. _____ di salute!

2. _____ una salute di ferro!

3. _____ di ottima salute!

4. _____ alla propria salute.

5. _____ di salute piuttosto cagionevole.

Rosa raccolse subito la pistola, che era caduta sul pavimento, anche se la tenne semplicemente in mano, per il momento. Non la puntò direttamente contro Sara.
Temeva, spaventandola, di peggiorare ancora di più una situazione già abbastanza delicata.

Übung 81: Übersetzen Sie!

1. Muskelzerrung   _____
2. den Knöchel verstauchen   _____
3. einen großen blauen Fleck   _____
4. niedriger Blutdruck   _____
5. Kopfschmerzen   _____
6. erkältet sein   _____
7. Grippe   _____
8. Masern   _____
9. Mumps   _____
10. Magendarmentzündung   _____

"Signora Gatti, mi indichi dove si trova suo marito…"
"Le giuro che non lo so… Come le ho detto, è da giorni che non ho sue notizie…" cercò di mentire Sara, facendosi prendere da uno scatto isterico che con un disperato sforzo di autocontrollo non era riuscita a tenere a freno.

"Ma Lei come si è permessa di entrare senza autorizzazione in casa nostra? Esca subito! Le intimo di uscire subito di qui!" urlò Sara rivolta a Rosa, diventando paonazza in volto.
Intanto due grosse lacrime le rigavano le guance.
"Ho un testimone che ha visto accadere qualcosa in questa casa…" barò Rosa, che era ormai sicura del fatto suo.

Übung 82: Wie lautet der Infinitiv der folgenden Verben?

1. mi indichi _____

2. le giuro _____

3. lo so _____

4. ho notizie _____

5. cercò _____

6. facendosi prendere _____

7. esca _____

8. le intimo _____

9. urlò _____

10. diventando _____

"Se ne vada!" gridò ancora Sara, che stava per venir meno, in un ultimo disperato tentativo.
"Sara, se Lei collabora adesso non sarà coinvolta, se non come testimone. Glielo posso assicurare. Se cerca però di proteggere suo marito o di ostacolarmi, passerà dei brutti guai e, nel caso peggiore, andrà perfino in prigione."

"È stato un incidente, solo un incidente! Mi creda… Nessuno voleva che capitasse una cosa del genere!"
"Sara, mi dica immediatamente dov'è suo marito!" insistette Rosa, che già stava impugnando con più decisione la pistola.

Übung 83: Setzen Sie die Verben in die III. Person Singular Präsens!

1. andare   _____
2. volare   _____
3. guardare   _____
4. pensare   _____
5. mangiare   _____
6. bere   _____
7. dormire   _____
8. camminare   _____
9. volere   _____
10. potere   _____

Non aveva paura di Sara, ma voleva proteggersi le spalle.
Sapeva che qualcosa di terribile era accaduto quella notte. Alla polizia sarebbero serviti almeno una ventina di minuti per arrivare, doveva agire velocemente, prima che Gatti scomparisse di nuovo dalla circolazione. E stavolta per sempre.
Sara non le disse nulla. Si appoggiò con la mano a un tavolo, quasi a volersi fare forza. Indicò con gli occhi a Rosa la porta dello studio. Rosa capì che Gatti era probabilmente dietro quella porta, pronto a intervenire. Cercò allora di stare al gioco di Sara.

Übung 84: Welche Substantive und Verben gehören zusammen? Verbinden Sie!

1. proteggersi   a) il conto
2. suonare   b) le spalle
3. pagare   c) un enigma
4. andare   d) la macchina
5. risolvere   e) il pianoforte
6. mettere in moto   f) la tavola
7. apparecchiare   g) al lavoro

"D'accordo, signora Gatti, adesso me ne vado, ma ritornerò nel primo pomeriggio con un mandato di perquisizione. La prego di tenersi a disposizione per qualsiasi domanda. Non si preoccupi, vedrà che alla fine troveremo suo marito."
Sara la guardava terrorizzata, senza proferire parola.
Rosa continuò sicura con il suo piano. Mentre parlava, si avviò lenta e con passo felpato verso la porta dello studio.
"Mi scusi dell'irruzione importuna, ma a un vicino pareva di avere sentito qualcosa. È stato di sicuro un errore. Ora si calmi, signora Gatti, mi scusi ancora… Sono sicura che si è trattato di un errore…"

Übung 85: Wie lauten die passenden Substantive?

1. terrorizzato   _____

2. pauroso   _____

3. preoccupato   _____

4. isterico   _____

5. paziente　　　　　＿＿＿＿＿＿＿

6. fortunato　　　　　＿＿＿＿＿＿＿

7. arrabbiato　　　　　＿＿＿＿＿＿＿

Non appena finì di pronunciare queste parole, Rosa spalancò con un calcio la porta dello studio. Scattò al tempo stesso di lato, puntando la pistola, prima di guardare nella stanza.
La porta colpì Gatti, che vi si era nascosto dietro stringendo il fucile che aveva sempre usato per la caccia alle folaghe nella laguna.
L'urto lo aveva fatto cadere a terra.
Imbracciava però saldamente l'arma, che adesso puntava contro Rosa.
Nella caduta gli era anche partito un colpo che, per fortuna, si era conficcato nella porta.
Anche questa volta, purtroppo, i presentimenti di Rosa non erano sbagliati.

Übung 86: Welche Geräusche machen die folgenden Substantive? Setzen Sie ein! **(squilla – scricchiola – miagola – cigola – cinguetta – suona)**

1. la porta ＿＿＿＿＿＿＿＿＿

2. il pavimento ＿＿＿＿＿＿＿＿＿

3. il gatto ＿＿＿＿＿＿＿＿＿

4. il canarino ＿＿＿＿＿＿＿＿＿

5. il telefono ＿＿＿＿＿＿＿＿＿

6. il campanello ＿＿＿＿＿＿＿＿＿

"Signor Gatti, la prego, non faccia stupidaggini… I rinforzi arriveranno tra poco. Non ha scampo, ormai. Mi consegni il fucile e facciamola finita. Se non fa resistenza, le assicuro che il giudice ne terrà conto. La situazione è già abbastanza difficile… Non faccia sciocchezze… Non si metta ancora di più nei guai, per favore…"

A queste parole, Rosa sentì Gatti sciogliersi in lacrime. L'esperienza le aveva insegnato di non entrare *mai*, in nessun caso, nella stanza di un probabile assassino.

Non si poteva prevedere l'animo umano.

Un uomo, proprio come un animale in trappola, potrebbe essere capace di fare qualsiasi cosa, perfino una follia, pur di liberarsi.

"Proprio adesso! Proprio adesso!" piagnucolava Gatti come un bambino.

Rosa lanciò un'occhiata nello studio e lo vide rannicchiato su una poltrona, in preda ai singhiozzi.

Übung 87: Was passt zusammen? Verbinden Sie!

1. lanciare   a) in rassegna
2. tirare   b) parola
3. piantare   c) un pugno
4. passare   d) prediche
5. non fare   e) un'occhiata
6. fare   f) in asso

"Proprio adesso che avevo finalmente trovato la donna della mia vita!"
Rosa non credeva alla sue orecchie, ma cercò di mantenere il sangue freddo.

"Signor Gatti, La prego di buttare velocemente verso di me il fucile. Non faccia altre sciocchezze. Ogni minuto che passa rende la

sua situazione ancora peggiore. A tutto si può porre rimedio, finora…"
Gatti era ormai distrutto, ma ancora non si decideva a deporre l'arma.
"Rosato, ascolta il commissario, ti prego, pensa anche a me… Non fare un'altra follia…" fece eco Sara dall'altra stanza.
A questo punto Gatti parve quasi sopraffatto.
Smise di piangere, si ricompose. Buttò il fucile lontano, fuori dalla porta dello studio, dove Rosa poté subito bloccarlo con il piede.
Non poteva mai sapere cosa Sara avrebbe potuto fare in una situazione del genere. Magari anche solo per salvare le apparenze.
Gatti, intanto, se ne stava immobile sulla poltrona, col viso tra le mani.

Übung 88: Was bedeuten die folgenden Sätze? Kreuzen Sie an!

1. Ingoiare il rospo
a) Fare indigestione
b) Accettare qualcosa di sgradevole
c) Farsi andare la saliva di traverso

2. Levare la parola di bocca
a) Anticipare quello che qualcuno sta per dire
b) Interrompere qualcuno che sta parlando
c) Intromettersi nel discorso

3. Parlare del più e del meno
a) Discutere animatamente
b) Confrontarsi su temi difficili
c) Parlare di un po' di tutto in modo abbastanza superficiale

4. Legarsela al dito
a) Ricordarsi di un torto subito nella speranza di vendicarsi
b) Legarsi un fiocchetto al dito
c) Prendersela con qualcuno

5. Farsi in quattro
a) Fare tutto il possibile
b) Fare esperienza
c) Fare un lavoro difficile

6. Farsi le ossa
a) Lavorare fino a tardi
b) Fare esperienza
c) Fare molta palestra

7. Fare la gavetta
a) Fare esperienza lavorativa
b) Farsi raccomandare
c) Lavare i piatti

8. Mettere le carte in tavola
a) Distribuire le carte sulla tavola
b) Esprimere il proprio parere
c) Esprimere chiaramente le proprie intenzioni

9. Mandare a quel paese qualcuno
a) Lasciare qualcuno da solo
b) Mandare al diavolo qualcuno
c) Accompagnare qualcuno al proprio paese di origine

10. Unire l'utile al dilettevole
a) Divertirsi andando fuori
b) Unire qualcosa che si deve fare a qualcosa di piacevole
c) Lavorare in un parco dei divertimenti

Rosa entrò nella stanza e, tenendo saldamente la pistola in mano, si sedette, sulla poltrona di fronte a Gatti.

Non gli puntò l'arma contro, anzi la depose, ma in modo da poterla recuperare in un istante, in caso di necessità. Si mise anche il fucile accanto, nella stessa posizione strategica.

"Signor Gatti, mi vuol raccontare finalmente cosa è successo? È da più di due giorni che la sto cercando tra Milano e Venezia…"

Übung 89: Wie lautet der bestimmte Artikel der folgenden Substantive? Setzen Sie ein!

1. ____ teatro
2. ____ gatto
3. ____ donna
4. ____ uomo
5. ____ fucile
6. ____ salotto
7. ____ stanza
8. ____ concerto
9. ____ spavento
10. ____ canzone
11. ____ musica
12. ____ lavoro
13. ____ incontro
14. ____ polizia
15. ____ commissariato
16. ____ operazione
17. ____ taxi
18. ____ scuola
19. ____ canale
20. ____ gondola

"Le cose sono precipitate. Sono stato travolto dagli eventi…"
"Prima di tutto, dov'è Raifa?"
"È a casa di un mio amico a Burano. Siamo arrivati due giorni fa, subito dopo la sfilata. Ci siamo conosciuti grazie al vestito rosso che Raifa indossava. Era stato fatto con la mia stoffa. È stata un'ottima scusa per parlare con lei…"

"Non le sembra di essere stato un po' affrettato…"

"Non ho mai conosciuto una donna tanto incredibile, mi creda. Dopo solo due ore di conversazione ci sembrava di conoscerci da una vita."

Dall'altra stanza si udì un urlo e il pianto a dirotto di Sara, che scappò via di corsa.

"Cosa è successo poi?"

"Le ho chiesto di venire con me ai Caraibi. Volevamo andare lì per una vacanza insieme. Avrei poi deciso il da farsi. Siamo andati velocemente in albergo, il tempo di ritirare il passaporto che avevo lasciato in camera e… di rinfrescarci."

"Come le è venuto in mente di tornare a Venezia e, soprattutto, di non avvisare sua moglie?"

"Ho perso totalmente la testa per Raifa. Volevo sparire, almeno per un po', un mese, ma non avevo ancora pensato a una scusa per Sara. Mi conosceva troppo bene per credere alla solita storia del viaggio di lavoro. Non lo so, mi ero illuso di poter ricominciare un'altra vita."

Übung 90: Setzen Sie das passende Wort in die Lücke!
(chiavi – appartamento – acqua – problemi – biglietti – cellulare – libro – soluzione – casa – tasca – vetro – cancello)

1. Ho dovuto rompere il _____ della macchina per riuscire entrare. Avevo dimenticato le _____ sul sedile.

2. Ieri mi sono chiuso fuori da _____ mia. Ho dovuto scavalcare il _____ per riuscire a entrare.

3. Hai già letto il nuovo _____ di Alessandro Baricco? Dicono che sia ancora meglio di Seta.

4. Hai guardato se non hai lasciato il ____ nella borsetta, per caso?

5. Dove hai messo i _____ per il teatro? Li tieni di solito nella _____ posteriore.

6. Quest'anno a Venezia è venuta molto più spesso del solito l'_____ alta. Speriamo che trovino presto una _____.

7. Hai già trovato un _____? Sei hai _____, puoi sempre stare da me.

"Le ripeto… Non le sembra di avere un po' esagerato? In fondo non conosceva e non conosce tuttora Raifa. So che è molto giovane, potrebbe essere sua figlia!"

"Non è più giovane di mia moglie, quando l'ho conosciuta. La prego, si risparmi le prediche…"

Gatti stava guardando Rosa dritto negli occhi, stavolta.

"Le è mai capitato di avvertire un sentimento talmente forte da essere capace di mettere tutto in gioco e di rischiare perfino la vita per inseguirlo?"

Rosa non rispose. Non le era mai capitata in vita sua una cosa del genere. Lei era abbastanza razionale nelle cose, tra l'altro una qualità fondamentale per svolgere il suo lavoro. Aveva imparato a controllare e a dominare i suoi sentimenti, anche se le delusioni in amore non erano mancate, purtroppo.

Gatti continuò il suo racconto, facendosi ora sempre più triste in volto.

"Per Raifa sarei stato disposto ad affrontare qualsiasi cosa. Non me la sentivo però di parlare con Sara. Non avrei retto il dolore della sua disperazione. Volevo sparire e basta. Pensavo che fosse la cosa migliore…"

"Allora è tornato a casa per prendere alcuni vestiti…"

Übung 91: Welche Farbe passt hier? Setzen Sie ein!

1. Il sole è _____.
2. Il cielo è _____.
3. I pomodori sono _____.
4. La banana è _____.
5. La gondola è _____.
6. Il cetriolo è _____.
7. La noce è _____.
8. L'arancia è _____.
9. Le prugne sono _____.
10. La panna è _____.

"Non mi importava nulla dei vestiti, ma dovevo prelevare delle carte dallo studio prima di sparire. Avevo tra l'altro un conto di risparmio aperto sotto falso nome ai Caraibi, con cui io e Raifa avremmo potuto vivere per un po' di tempo senza problemi. Avrei pensato dopo a spiegare le cose a mia moglie e…"
"… e alla sua amante."
"E alla mia amante. Volevo anche evitare lo scandalo dei giornali."
"Allora è tornato nel bel mezzo della notte a casa e ha scoperto quello che non avrebbe mai creduto possibile."
Gatti si agitò ancora sulla sedia e scoppiò di nuovo in lacrime.
"Mia moglie se ne stava addormentata nel mio letto, abbracciata con il suo amante, quel Mirko, quel ragazzo che per anni e anni io avevo creduto il mio migliore amico. Mia moglie, la mia bella, fredda e distaccata moglie, aveva perso la testa, era stata capace di passione... per il mio migliore amico! A me, invece, non aveva voluto nemmeno dare un figlio, quando glielo avevo chiesto!"

Übung 92: Welche Tiere verbergen sich hinter dem Buchstabensalat? Setzen Sie ein!

1. OTTAG   _____
2. ENCA   _____
3. ICCIONEP   _____
4. CECULLO   _____
5. BAGBINOA   _____
6. OPTO   _____
7. ATTOR   _____
8. ESPEC   _____
9. ANZAZAR   _____
10. SESORAPTTO   _____

"Allora è stato colto dalla gelosia? Ma non si era appena innamorato di un'altra donna, scusi?"
"Non si trattava di gelosia, quanto di onore e di orgoglio. E di tradimento, tradimento dei sentimenti più profondi. Ero alla ricerca della felicità, lo sono stato per tutta la mia vita, ma non credevo possibile che la mia fiducia potesse essere tradita in modo tanto meschino. Purtroppo mi si è oscurata la vista. Non so nemmeno io cosa mi sia preso… Sono stato colto da un raptus. Sono corso giù nello studio e ho preso il mio fucile da caccia. Ho rotto la vetrina. L'ira era feroce, così intensa che non sono riuscito nemmeno ad aprire con la chiave che avevo nel cassetto della scrivania. Sara e Mirko sono stati svegliati dal rumore. Li ho trovati in piedi e svegli quando sono arrivato di nuovo di sopra… Erano saltati subito giù dal letto, nudi."
"E allora ha sparato…"

Übung 93: Wie lauten die folgenden Redewendungen? Setzen Sie die passenden Wörter ein! **(pesci – mare – sera – mamma – parola – muro – vita- ultimo – terzo – cuore)**

1. Tra i due litiganti il _____ gode.

2. Ride bene chi ride _____.

3. Chi litiga col _____, si rompe la testa.

4. Tra il dire e il fare c'è di mezzo il _____.

5. Anche il giorno più lungo arriva alla _____.

6. Lontano dagli occhi, lontano dal _____.

7. Finchè c'è _____ c'è speranza.

8. Una _____ tira l'altra.

9. Di _____ ce n'è una sola.

10. Chi dorme non piglia _____.

"In principio volevo uccidere entrambi, ma poi non ce l'ho fatta. Ho sparato subito a Mirko, che è caduto a terra, guardandomi con occhi stupiti, ancora incredulo di quanto era accaduto. Non ha avuto nemmeno il coraggio di urlare, quando l'ho colpito. Si è semplicemente accasciato su se stesso. Sara stava urlando come un'ossessa. Quando ho puntato il fucile contro di lei ha smesso e mi ha guardato. Non ce l'ho fatta a spararle…"
"Quindi in fondo era ancora innamorato anche di sua moglie."
"Ho sempre amato Sara, perché la credevo al mio fianco nonostante tutto. Non ho mai nemmeno lontanamente immaginato che mi potesse tradire. E con il mio migliore amico, ripeto. Avevo fatto davvero tanto per lui. Era alla fine della sua carriera di modello,

quando l'ho conosciuto. Non avrei mai immaginato che entrambi mi potessero tradire così."
"Ma signor Gatti, si rende conto di cosa dice?"
"Io mia moglie l'ho sempre tradita con donne sconosciute, mai con donne che lei conosceva o che erano sue amiche."

Übung 94: Beantworten Sie die folgenden Fragen!

1. Dove si compera il pane? Dal _____.

2. Dove si compera la carne? Dal _____.

3. Dove si compera il giornale? Dal _____.

4. Dove si comperano i fiori? Dal _____.

5. Dove si fanno fare i vestiti? Dalla _____.

6. Dove si comperano le patate? Dal _____.

7. Dove si trovano i mobili antichi? Dall' _____.

Rosa dovette trattenersi dall'aggredirlo a parole. Nel suo lavoro aveva però imparato a mantenere la calma assoluta, anche nelle situazioni più imprevedibili.
Era diventata un'eccellente conoscitrice dell'animo umano. Anche con questo caso aveva imparato qualcosa di nuovo.
"E non pensa ora a Raifa?" insinuò Rosa, ancora sconvolta dalla passione che aveva portato Gatti in breve tempo alla rovina.
"Immagino che sarà uno shock per lei. Non mi conosceva ancora, ma mi credeva un uomo buono, in fin dei conti. Mi sono ritrovato a fare qualcosa di cui nemmeno io avrei creduto di essere capace."
In quel momento si sentì la sirena del motoscafo della polizia.

"Credo che i suoi colleghi siano arrivati. Mi deve mettere le manette?"
"Non penso che ce ne sia bisogno."
Rosa si era convinta che ormai quell'uomo sarebbe stato innocuo.

Übung 95: Was passt zusammen? Verbinden Sie!

1. Il gondoliere voga
2. Il manager guida l'auto
3. Il contadino guida il trattore
4. Il taxista guida il taxi
5. I taxisti di Venezia usano
6. Il cocchiere conduce
7. Il ciclista lancia a tutta velocità

a) la bicicletta
b) alla stazione
c) i motoscafi
d) nel canale
e) la carrozza
f) nel campo
g) sull'autostrada

"La prego soltanto di lasciar fuori, per quanto possibile, sia Raifa che mia moglie."
Gatti prese la mano di Rosa, mentre diceva queste parole, quasi per cercare di attaccarsi, giunto ormai al punto più estremo della disperazione, a un'ancora di salvezza.
"Per quanto riguarda Raifa, non credo ci siano problemi. La questione è diversa per Sara. Non potrò di certo risparmiarla dallo scandalo dei giornali."
"Mi affido comunque a Lei, perché cerchi di fare tutto il possibile."

Übung 96: Wie enden die folgenden Redewendungen? Verbinden Sie!

1. Mettere le mani
2. Mettere le carte
3. Mettere lo

a) zampino
b) nero
c) avanti

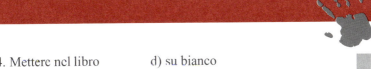

4. Mettere nel libro   d) su bianco
5. Mettere molta carne   e) in tavola
6. Mettere nel   f) nei capelli
7. Mettere nero   g) di qualcuno
8. Mettersi le mani   h) sacco
9. Mettere la pulce   i) al fuoco
10. Mettersi nelle mani   k) nell'orecchio

Gatti aveva appena finito di parlare, quando entrarono Rodolfo, Lombardo e quattro agenti di polizia.
Lombardo si precipitò da Rosa, abbracciandola preoccupatissimo.
"Rosa, tutto bene? Abbiamo incontrato Sara sulle scale. Era sconvolta. Non riusciva nemmeno a parlare. Temevo che fosse acaduto qualcosa di terribile!"
"Infatti è successo, purtroppo… Rodolfo, manda gli uomini in camera da letto e chiama un'ambulanza! Troveranno purtroppo il corpo di un uomo. È stato freddato con un colpo di fucile."
Rodolfo fece cenno a Gatti di alzarsi e lo strattonò fino al motoscafo della polizia.
Nonostante Rosa gli avesse assicurato che non era pericoloso, preferì mettergli in ogni caso le manette.

Übung 97: Welche Wörter passen in die Lücken der Redewendungen? Setzen Sie ein! (voce – luna – aquila – asso – marcia – gola – fianco – faccia – capello – parola)

1. Avere un diavolo per _____.

2. Avere una spina nel _____.

3. Avere una _____ tosta.

4. Avere un _____ nella manica.

5. Avere una vista d'_____.

6. Avere un nodo alla _____.

7. Avere _____ in capitolo.

8. Avere una _____ sulla punta della lingua.

9. Avere una _____ in più.

10. Avere la _____ storta.

Con la polizia erano arrivati alcuni giornalisti e fotografi che tempestarono Sara Gatti di domande.
Lei non rispose correndo in casa e chiudendosi a chiave nella stanza da bagno.
Comprese che d'ora in avanti, per un bel po', non avrebbe più avuto un attimo di pace.
Adesso non aveva più nemmeno Mirko al suo fianco. Era totalmente sola.

Übung 98: Welche Farbe passt in die Redewendungen?

1. Sei _____ come un lenzuolo!

2. Sei _____ come un limone!

3. Sei _____ come il carbone!

4. Sei _____ come un pomodoro!

5. Sei _____ come un cetriolo!

Il giorno dopo Rosa provvide di persona ad avvisare Muriel dell'accaduto.

La chiamò dal commissariato, dove il capo si era appena congratulato con lei.

"Lei è sempre la migliore, Rosa Nicoletti!" le disse fiero davanti ai colleghi.

Anche Rodolfo, il collega con cui in passato aveva avuto diversi problemi, si era congratulato.

Pareva veramente sincero, stavolta. Andarono perfino a prendere insieme un caffè in un bar dalle parti di Rialto.

Rosa risparmiò a Muriel la storia di Raifa, anche se Muriel non credette alla semplice scena di gelosia.

Übung 99: Welches Verb passt in die Lücke? Setzen Sie ein!
(rompere – rispondere – rimandare – piangere – ridere – tagliare – rimanere – avere)

1. _____ i ponti col passato.
2. _____ alle spalle di qualcuno.
3. _____ alle calende greche.
4. _____ a tono.
5. _____ a bocca asciutta.
6. _____ sul latte versato.
7. _____ la luna storta.
8. _____ le scatole.

"E Raifa dov'è? Non si è più vista qui alle sfilate! Era con lui a Venezia, vero?" le chiese a bruciapelo.

Rosa a quel punto decise di raccontarle tutta la verità. In fondo se lo meritava e sembrava una donna abbastanza forte per sopportarla.

"Ho sempre pensato che Rosato fosse un uomo bravo nel suo mestiere, ma alquanto stupido. Così infantile, però, proprio non credevo! Raifa non era in fondo altro che una bambina!"

Rosa non commentò, ma fu invitata da Muriel a Milano per una bella serata da trascorrere insieme.

Decise di accettare. In fondo la vita notturna di Milano per un fine settimana non le avrebbe fatto sicuramente male.

Übung 100: Welches Substantiv passt zu den Adjektiven? Setzen Sie ein und schreiben Sie auch den dazugehörigen bestimmten Artikel!

1. piacevole — *il piacere*
2. disgustoso — _____
3. pretenzioso — _____
4. paziente — _____
5. felice — _____
6. difficile — _____
7. possibile — _____
8. rischioso — _____

Quando lo raccontò a Lombardo, si sentì fare, come prevedeva, una scenata di gelosia.

"Ma non mi dirai che ti metti a frequentare il mondo delle modelle adesso, Rosa!"

"Ma Ludovico, si tratta solo di un fine settimana! Ne approfitterò anche per fare un po' di shopping! E poi tu chi sei, in fondo, per controllare la mia vita?"

Lombardo pensò tra sé che in realtà, purtroppo, lui non poteva avanzare alcuna pretesa sulla vita di Rosa.
Erano ancora semplicemente amici.

Übung 101: Wie lauten die folgenden Redewendungen? Verbinden Sie!

1. Una gallina dalle uova d'oro
2. In bocca al lupo!
3. Un gallo nel pollaio!
4. Qui gatta ci cova!
5. Ingoiare il rospo.
6. Essere una volpe.

a) buona fortuna
b) accettare una situazione spiacevole
c) l'unico uomo in mezzo a tante donne
d) essere una persona molto furba
e) una donna molto danarosa
f) esserci sotto un inganno

Quella sera stavano camminando insieme verso la Chiesa di Santo Stefano, dove avrebbero assistito al concerto di Vivaldi.
"Hai mai pensato di costruire una famiglia, Rosa?" le chiese d'un tratto Lombardo, approfittando delle stelle che accendevano di luce il cielo veneziano.
"In che senso, Ludovico?" disse Rosa, fingendo di non capire, anche se in realtà già era sulle spine.
"Mah, sì, di sposarti, avere dei figli..."
"Per il momento sono stata sempre molto presa dal mio lavoro. Come sai, non esistono orari e poi la mia vita è spesso in pericolo. Forse non sarei un granché come madre..."
"Ma chi l'ha detto, in fondo? Saresti di sicuro una mamma molto coraggiosa..."
"Su questo non c'è dubbio. Beh, sì... Chi l'ha detto in fondo?"

Übung 102: Ersetzen Sie „mentre" mit „durante" und wandeln Sie das Verb in ein Substantiv um!

1. mentre correvo — *durante la corsa*
2. mentre leggevo — durante _____
3. mentre camminavo — durante _____
4. mentre partivo — durante _____
5. mentre indagavo — durante _____
6. mentre aspettavo — durante _____
7. mentre lavoravo — durante _____
8. mentre dormivo — durante _____

In quel momento Lombardo le strinse forte la mano e le si avvicinò. Furono però interrotti da un'apparizione improvvisa.
"Commissario Nicoletti, cosa fa qui?"
"Signor Foratti, che sorpresa! Io qui ci vivo! Si ricorda? Sono di Venezia! Piuttosto cosa è venuto a fare Lei nella mia città?"
Foratti portava una vistosa giacca lilla ed era accompagnato da un paio delle sue bellissime modelle. Indossavano capi altrettanto stravaganti, sicuramente suoi.
"Vedo che non porta il mio vestito… Spero che non sia stato per Lei solo l'abito di una sera!"
"Ma no… È solo che stiamo andando al concerto di Vivaldi nella Chiesa di Santo Stefano. Ho preferito quindi qualcosa di più sobrio! Il suo abito, come sa, è molto sexy!"
"Che caso, anche noi stiamo andando proprio là! Vi dispiace se ci uniamo alla compagnia?"
"Si immagini! Ero con questo mio amico…"

Übung 103: Sind Sie abergläubisch wie Lombardo? Dann unterstreichen Sie die Dinge, die in Italien angeblich Pech bringen!

In Italia porta sfortuna…
- un gatto nero che attraversa la strada
- un piccione bianco
- il numero 17
- il numero 13
- il sale che cade
- l'olio che si rovescia
- l'aceto che cade

Rosa non poté fare a meno di notare lo sguardo torvo di Lombardo.
Era chiaro che anche quella romantica serata era andata in fumo.
A questo punto fu lei a prendere la mano di lui.
Questo gesto servì per lo meno a rincuorarlo, anche se non riuscì a celare il suo disappunto quando Rosa gli disse furtiva.
"Su dai, Ludovico, che sono tanto simpatici! E poi non sei felice di passare la serata con ben due bellissime modelle?"
"Non ti dico che fortuna!" ribatté lui, deluso.
Le strinse però forte la mano e le rispose quasi di getto, con un sorriso che riempì di gioia il cuore di Rosa.
"Rosa, sai che puoi sempre contare su di me."

ABSCHLUSSTEST

Übung 1: Schreiben Sie den Plural der folgenden Substantive und Adjektive!

1. la ciliegia rossa _____
2. la banana gialla _____
3. il vestito azzurro _____
4. la borsetta rossa _____
5. la scarpa di vernice _____
6. il fazzoletto bianco _____
7. la tovaglia ricamata _____
8. il maglione di lana vergine _____

Übung 2: Schreiben Sie die Sätze mit den richtigen Pronomen!

1. Luisa ha lasciato (a lei) il libro.

   _____

2. Roberto ha regalato (a lui) un nuovo lettore di CD.

   _____

3. Rosalba ha lasciato (lui) dopo anni di fidanzamento.

   _____

4. Ieri sera abbiamo lasciato (loro) fuori dal cinema.

   _____

5. Ho comperato i biglietti per il teatro, ma ho lasciato (loro) a casa.

   _____

Übung 3: Wie lautet der Infinitiv der folgenden Verben? Schreiben Sie auf!

1. vada   _____
2. possa   _____
3. cerchi   _____
4. logori   _____
5. trovi   _____
6. finisca   _____
7. pianga   _____
8. pianti   _____
9. lamenti   _____
10. vergogni   _____

Übung 4: Ergänzen Sie die fehlenden Wörter mit der richtigen Verbform! (essere – rimanere – stare – costare – cadere – indossare – dire – vedere – preferire – portare)

"Che bel vestito! Dici che mi (1.) _____ bene?"

"Non lo so. Non ti (2.) _____ molto con il rosso. Ma provalo nel camerino!"

"Di solito (3.) _____ la taglia 42. Ma sono ingrassata. Meglio se (4.) _____ la 44. È più larga sui fianchi!"

"Vedi tu. Io (5.) _____ che i vestiti mi stiano incollati addosso. Ma è questione di gusti."

"A me (6.) _____ meglio sul corpo se sono più grandi."

"Guarda, c' (7.) _____ anche scritto che è un capo dell'ultima collezione autunno-inverno."

"Sì, è un vestito di Armani. Ma chissà, quanto (8.) _____!"

„È in ogni caso molto classico nelle forme. Quindi ti (9.) _____ per tutta la vita!"

"Se lo (10.) _____ tu!"

Übung 5: Setzen Sie die passenden Wörter in die Lücken!
(affinché – perché – quindi – purchè – ma – durante – piuttosto – perciò – quando – mentre)

1. Sono disperata, _____ mi rivolgo a Lei.

2. Mi può dire _____ parte il suo treno?

3. Preferisco farcela da sola _____ che chiedere aiuto a lui.

4. È un bel ragazzo, _____ non mi interessa.

5. Ho sempre paura che succeda qualche incidente, _____ sono via.

6. Si è rotto il ginocchio _____ la partita di calcio.

7. A volte mi chiedo _____ l'ho fatto.

8. Organizzati come vuoi, _____ tu passi l'esame.

9. Ho lavorato fino a tarda sera, _____ tu potessi prendere una giornata di lavoro libera.

10. Mi ha tradito, _____ ho deciso di lasciarlo.

Übung 6: Was bedeuten die folgenden Redewendungen? Kreuzen Sie an!

1. andare al massimo
a) essere in gran forma
b) sentirsi male
c) lavorare tanto

2. andare a pennello
a) essere grande quanto un pennello
b) essere in forma
c) andare alla perfezione

3. andare a rotta di collo
a) cadere per terra
b) rompersi il collo
c) andare di gran corsa

4. andare a ruba
a) piacere molto
b) essere molto richiesto
c) essere finito

5. andare a tutta birra
a) andare a tutta velocità
b) bere tantissima birra
c) festeggiare

6. andare a genio
a) piacere
b) essere molto bravo a scuola
c) imparare

7. andare a gonfie vele
a) uscire in barca a vela
b) andare bene a scuola
c) ottenere ottimi risultati

Übung 7: Bilden Sie den Superlativ der folgenden Adjektive!

1. piccolo _____
2. basso _____
3. simpatico _____
4. bravo _____
5. elegante _____
6. sportivo _____

Übung 8: Vervollständigen Sie die Vergleiche!

1. Rosa è furba _____ una volpe.
2. Ludovico è più bravo _____ Rodolfo.
3. Roberto sta lavorando _____ un matto.
4. Silvio sa essere più arrogante _____ intelligente.
5. Maria è diventata grassa _____ una balena.
6. La gente è più invidiosa _____ amica.

Übung 9: Schreiben Sie das Gegenteil auf!

1. grande _____
2. alto _____
3. simpatico _____
4. bello _____

5. sottile   _____

6. magro   _____

Übung 10: Wie lautet das entsprechende Adverb? Schreiben Sie auf!

1. con accuratezza   _____

2. con probabilità   _____

3. con velocità   _____

4. con pazienza   _____

5. con facilità   _____

Übung 11: Ergänzen Sie die Sätze mit der passenden Verbform!

1. Pensa che tu (credere) _____ che lui sia stupido.

2. Non immagina che tu (sapere) _____ che è innamorato di te.

3. Non vuole che tu (andare) _____ da sola in discoteca.

4. Ha lasciato che tu (vedere) _____ da sola quello che ha combinato.

5. Roldofo ha detto che pensava che tu (essere) _____ già partita per le vacanze.

6. Non devi credere che ti (avere) _____ voluto imbrogliare.

LÖSUNGEN

Übung 1: 1. modelli/modella; 2. stilisti/stilista; 3. segretari/segretaria; 4. parrucchieri/parrucchiera; 5. truccatori/truccatrice.

Übung 2: 1. Veneto; 2. Lazio; 3. Sardegna; 4. Sicilia; 5. Toscana; 6. Lombardia; 7. Piemonte; 8. Friuli-Venezia Giulia; 9. Trentino Alto-Adige; 10. Emilia-Romagna.

Übung 3: 1. Hose; 2. Größe; 3. Kleid, Bekleidung; 4. Rock; 5. Ärmel; 6. Kleidung; 7. Tasche; 8. Strumpfhosen; 9. Strumpf; 10. Hemd; 11. Jacke; 12. Krawatte; 13. Schuh.

Übung 4: 1. mattino/mattina; 2. pomeriggio; 3. sera; 4. notte.

Übung 5: 1. aghi; 2. fili; 3. bottoni; 4. stoffe; 5. tele; 6. telai; 7. merletti; 8. pizzi.

Übung 6: 1. il; 2. la; 3. la; 4. il; 5. le; 6. i; 7. il.

Übung 7: fa le fusa, si gratta, miagola, sbadiglia, si strofina, va a spasso sui tetti, caccia i topi.

Übung 8: rosicchia l'osso, abbaia, si gratta, ringhia, fa le feste, sbadiglia, si accuccia, obbedisce, fa la guardia.

Übung 9: 1. c); 2. e); 3. d); 4. a); 5. b); 6. g); 7. h); 8. f).

Übung 10: una donna; innamorato; il gatto; vicini; cucinato.

Übung 11: 1. al; 2. per; 3. sotto; 4. alla; 5. a.

Übung 12: 1. soprano; 2. tenore; 3. Giuseppe; 4. Puccini; 5. *Nabucco*; 6. Fenice.

Übung 13: 1. espresso; 2. caffè corretto; 3. caffè macchiato; 4. caffelatte; 5. cappuccino; 6. cioccolata.

Übung 14: 1. b); 2. c); 3. a); 4. d).

Übung 15: 1. francese; 2. italiano; 3. tedesco; 4. olandese; 5. spagnolo; 6. inglese; 7. svedese; 8. turco.

Übung 16: 1. pianoforte; 2. chitarra; 3. violino; 4. violoncello; 5. sassofono; 6. arpa; 7. batteria; 8. tamburi; 9. tromba.

Übung 17: 1. gattino; 2. cagnolino; 3. topolino; 4. lavoretto; 5. stradina; 6. pensierino; 7. porticina; 8. casetta.

Übung 18: 1. a); 2. b); 3. a); 4. a), 5. a).

Übung 19: 1. b); 2. b); 3. c); 4. a); 5. a); 6. c).

Übung 20: 1. in; 2. di; 3. in; 4. di; 5. al; 6. al; 7. in; 8. in.

Übung 21: 1. bianco; 2. giallo; 3. rosso; 4. verde; 5. blu; 6. nero.

Übung 22: 1. c); 2. d); 3. a); 4. e); 5. b).

Übung 23: 1. d); 2. a); 3. f); 4. b); 5. c); 6. g); 7. h); 8. e).

Übung 24: 1. telefono; 2. cellulare o telefonino; 3. numero di telefono; 4. pistola; 5. borsa; 6. rossetto; 7. portafoglio o portamonete.

Übung 25: 1. c); 2. d); 3. a); 4. b).

Übung 26: 1. piatto; 2. bicchiere; 3. forchetta; 4. coltello; 5. cucchiaio; 6. tovaglia; 7. bottiglia.

Übung 27: 1. Hai voglia di andare al cinema dopo cena? 2. Qual è il tuo film preferito? 3. Ti piace quello che ho cucinato? 4. Mangi la carne? Non sei per caso vegetariano? 5. Ho preparato gli spaghetti alle vongole. 6. Preferisci il vino bianco o rosso?

Übung 28: sicura; ulteriore; attenta; pericolosa; tranquilla; sicura.

Übung 29: 1. invidia; 2. gelosia; 3. innamoramento; 4. frustrazione; 5. ricchezza; 6. povertà; 7. armonia; 8. pigrizia; 9. velocità.
Übung 30: 1. b); 2. c); 3. e); 4. f); 5. a); 6. g); 7. d).
Übung 31: 1. indossava; 2. Portava; 3. slacciò; 4. lavora; 5. comperare; 6. uscì; 7. provò; 8. cercò/cerca/cercava; 9. voleva; 10. cambiò.
Übung 32: 1. b); 2. e); 3. a); 4. g); 5. c); 6. i); 7. d); 8. k); 9. h); 10. f).
Übung 33: 1. alberghi; 2. camere; 3. stanze; 4. camerieri; 5. direttori; 6. facchini; 7. campanelli; 8 chiavi delle camere; 9. servizi in camera; 10. entrate.
Übung 34: 1. probabilmente; 2. chiaramente; 3. seriamente; 4. arrendevolmente; 5. velocemente; 6. squisitamente; 7. arrogantemente; 8. amichevolmente.
Übung 35: 1. le eleganti signore; 2. le folte pellicce; 3. i corpetti rossi; 4. le gonne a pieghe; 5. gli abiti a doppiopetto; 6. i cappelli di feltro; 7. le camicie panterate; 8. i tacchi a spillo; 9. le sciarpe di seta; 10. i vestiti rossi.
Übung 36: 1. in continuazione; 2. in silenzio; 3. con pigrizia; 4. con consapevolezza; 5. in generale; 6. con attenzione; 7. con pazienza; 8. in fretta; 9. all'improvviso; 10. d'istinto.
Übung 37: 1. c); 2. g); 3. b); 4. h); 5. f); 6. e); 7. d); 8. a).
Übung 38: 1. e); 2. d); 3. b); 4. f); 5. g); 6. a); 7. c).
Übung 39: 1. 16; 2. 9; 3. 8; 4. 20; 5. 14; 6. 93.
Übung 40: 1. l'anca; 2. il fianco; 3. la gamba; 4. la spalla; 5. la mano; 6. la vita; 7. la schiena; 8. il braccio; 9. la caviglia; 10. il piede.
Übung 41: 1. Le sette e mezzo / Le sette e trenta; 2. Le quattordici / Le due di pomeriggio; 3. Le due / Le due di notte; 4. Le nove e quarantacinque / Un quarto alle dieci; 5. Le undici e quindici / Le undici e un quarto; 6. Le dodici / Mezzogiorno; 7. Le ventitrè / Le undici di sera 8. Le ventiquattro / Mezzanotte.
Übung 42: 1. continuare; 2. scherzare; 3. piagnucolare; 4. accarezzare; 5. toccare; 6. luccicare; 7. turbare; 8. saltare; 9. abituare; 10. parlare.
Übung 43: 1. Piazzale Santa Lucia; 2. *bàcari*; 3. vaporetto; 4. canali; 5. marinai.
Übung 44: 1. chiudere; 2. strizzandole; 3. strofinò; 4. truccò; 5. aprì.
Übung 45: 1. taglio; 2. messa in piega; 3. moda; 4. frangetta; 5. dita; 6. colore; 7. colpi di sole; 8. secchi; 9. spazzola.
Übung 46: 1. pedicure; 2. punta; 3. rosso; 4. rossetto; 5. fondotinta; 6. ombretto; 7. massaggi; 8. cellulite.
Übung 47: 1. Sie sind immer nach der neuesten Mode gekleidet. 2. Dieses Kleid ist maßgeschneidert. Ich habe es mir von der Schneiderin machen lassen. 3. Welche Größe haben/tragen Sie? 4. Am Saisonende bei den Ausverkäufen kann man wahre Schnäppchen machen. 5. Dieses Designerkleid ist sehr schön.
Übung 48: 1. vestito; 2. abiti confezionati; 3. sarto; 4. doppiopetto; 5. giacca; 6. camicie a maniche corte.
Übung 49: 1. cattivo; 2. bello; 3. ignorante; 4. insicuro; 5. disordinato; 6. indeciso; 7. in ritardo; 8 bugiardo; 9. falso; 10. immaturo.
Übung 50: di moda; guardaroba; abito; lino; stoffa; mezza stagione; scuri; pennello; spalle.
Übung 51: 1. Qual è il tuo numero di telefono? 2. Posso usare il telefono, per favore? 3. Vorrei una scheda telefonica. 4. C'è una cabina telefonica nelle vicinanze?

5. Potrei consultare l'elenco telefonico? 6. Il suo numero di telefono è sulle *Pagine Gialle*. 7. Qual è il prefisso di Milano? 8. È caduta la linea. 9. La linea è occupata. 10. Il numero è sempre occupato. 11. La linea è libera, ma non risponde nessuno. 12. Ho lasciato un messaggio sulla segreteria telefonica.

Übung 52: 1. provare; 2. accomodi; 3. sta; 4. fatta; 5. vedo; 6. entrarci; 7. è; 8. Preferisco; 9. Vuole; 10. mostra.

Übung 53: 1. c); 2. b) 3. d); 4. b); 5. b); 6. c).

Übung 54: 1. c); 2. d); 3. f); 4. a); 5. g); 6. b); 7. h); 8. e).

Übung 55: 1. e); 2. g); 3. a); 4. f); 5. c); 6. k); 7. d); 8. i); 9. h); 10. b).

Übung 56: 1. se; 2. che; 3. come ; 4. finché; 5. mentre; 6. affinché; 7. purché; 8. basta che.

Übung 57: 1. Zwilling; 2. Waage; 3. Wassermann; 4. Jungfrau; 5. Stier; 6. Steinbock; 7. Schütze; 8. Löwe; 9. Widder; 10. Skorpion; 11. Krebs; 12. Fische.

Übung 58: 1. Credo che Maria arrivi tardi. 2. Credo che Mario sia stanco. 3. Credo che voi mangiate troppo. 4. Credo che tu abbia sonno. 5. Credo che i bambini abbiano fame. 6. Credo che il signor Stanghellini sia italiano.

Übung 59: 1. Se avessi più tempo andrei in palestra ogni giorno. 2. Se avessi più soldi potremmo fare un viaggio in Australia. 3. Se il tempo fosse più bello potreste andare in piscina. 4. Se andassi prima a letto la sera saresti meno stanco la mattina. 5. Se arrivassi in tempo potremmo andare al cinema.

Übung 60: 1. a; 2. di; 3. con; 4. di; 5. a/di; 6. a; 7. su; 8. da.

Übung 61: 1. Ho; 2. Puoi; 3. Hanno aperto; 4. è compresa; 5. credo; 6. sembra; 7. fare; 8. so; 9. preparano; 10. bevo; 11. piace; 12. stimolare.

Übung 62: 1. c); 2. d); 3. a), 4. b); 5. f); 6. e).

Übung 63: indicarmi; magazzino; spesa; camminare; arredamento; cosmetici; vestito; capi.

Übung 64: 1. Kosmetika; 2. Gartenmöbel; 3. Haushaltswaren; 4. Eßservice; 5. Aufzug; 6. Rolltreppe; 7. Schnellkochtopf; 8. Wäsche; 9. Frotteehandtücher; 10. Betttücher; 11. Küchentücher; 12. Spielzeuge; 13. Drogerieartikel; 14. Toilettenpapier; 15. Bräunungscreme; 16. Reinigungsmilch; 17. Körperlotion; 18. Kasse.

Übung 65: 1. celibe; 2. bello; 3. impaziente; 4. impossibile; 5. difficile; 6. inefficiente; 7. lento; 8. silenzioso; 9. disordinato; 10. disorganizzato.

Übung 66: 1. pazienza; 2. agitazione; 3. velocità; 4. flessibilità; 5. razionalità, 6. impertinenza; 7. onestà; 8. arroganza; 9. petulanza; 10. educazione; 11. maleducazione; 12. insolenza; 13. falsità; 14. correttezza; 15. particolarità.

Übung 67: 1. si basa; 2. si fonda; 3. si accumula; 4. si piega; 5. si manifesta; 6. si illumina; 7. si trucca; 8. si pettina; 9. si spoglia; 10. si sente.

Übung 68: 1. centrale; 2. radio; 3. via; 4. posteggio; 5. libero; 6. stazione; 7. tassametro; 8. ricevuta; 9. corsa.

Übung 69: 1. in; 2. in ; 3. di; 4. al; 5. per; 6. in; 7. al.

Übung 70: 1. odiare; 2. adorare; 3. scrutare; 4. distruggere; 5. celebrare; 6. pretendere; 7. disperarsi; 8. affidarsi.

Übung 71: 1. telefonava; 2. nascondeva; 3. dormiva; 4. disturbava; 5. accettava; 6. separava; 7. vegliava; 8. acconsentiva.

Übung 72: 1. telefoneranno; 2. piangeranno; 3. rimarranno; 4. festeggeranno; 5. riposeranno; 6. distingueranno; 7. apprezzeranno; 8. solleticheranno; 9. bighelloneranno; 10. dispenseranno.
Übung 73: numero; cellulare; giorno; eternità; tv; grembo; fusa; novità.
Übung 74: 1. andando; 2. venendo; 3. piantando; 4. partendo; 5. smettendo; 6. svenendo; 7. finendo; 8. saltando; 9. cadendo; 10. mollando.
Übung 75: 1. le chiavi; 2. i favori; 3. i portoni; 4. le case; 5. i rinforzi; 6. i presentimenti; 7. i commissariati.
Übung 76: 1. Die Carabinieri gehören zur Armee. 2. Ich habe eine Geldstrafe wegen Parkens im Halteverbot bekommen. 3. Die Feuerwehr löscht das Feuer (den Brand). 4. Ich möchte den Diebstahl meiner Kamera anzeigen. 5. Man hat mir die Handtasche gestohlen. 6. Man hat mir die Brieftasche gestohlen. 7. Wo befindet sich das nächste Kommissariat oder Polizeirevier?
Übung 77: 1. al; 2. in; 3. di; 4. per; 5. al; 6. al; 7. in; 8. di; 9. come.
Übung 78: 1. di; 2. a; 3. di; 4. di; 5. di; 6. di; 7. di.
Übung 79: 1. le guance; 2. le schiene; 3. i fondoschiena; 4. le braccia; 5. le labbra; 6. gli occhi; 7. le orecchie; 8. i polpacci; 9. le caviglie; 10. i gomiti; 11. le mani; 12. le dita; 13. le spalle; 14. le fronti; 15. i menti; 16. le sopracciglia; 17. le ciglia; 18. i colli; 19. i seni; 20. le pance; 21. le cosce.
Übung 80: 1. Scoppiare; 2. Avere; 3. Godere; 4. Badare; 5. Essere.
Übung 81: 1. strappo muscolare; 2. slogarsi la caviglia; 3. un grosso livido; 4. pressione bassa; 5. mal di testa; 6. avere il raffreddore; 7. l'influenza; 8. morbillo; 9. orecchioni; 10. gastroenterite.
Übung 82: 1. indicare; 2. giurare; 3. sapere; 4. avere notizie; 5. cercare; 6. farsi prendere; 7. uscire; 8. intimare; 9. urlare; 10. diventare.
Übung 83: 1. va; 2. vola; 3. guarda; 4. pensa; 5. mangia; 6. beve; 7. dorme; 8. cammina; 9. vuole; 10. può.
Übung 84: 1. b); 2. e); 3. a); 4. g); 5. c); 6. d); 7. f).
Übung 85: 1. terrore; 2. paura; 3. preoccupazione; 4. isteria; 5. pazienza; 6. fortuna; 7. rabbia.
Übung 86: 1. cigola; 2. scricchiola; 3. miagola; 4. cinguetta; 5. squilla; 6. suona.
Übung 87: 1. e); 2. c); 3. f); 4. a); 5. b); 6. d).
Übung 88: 1. b); 2. a); 3. c); 4. a); 5. a); 6. b); 7. a); 8. c); 9. b); 10. b).
Übung 89: 1. il; 2. il; 3. la; 4. l'; 5. il; 6. il; 7. la; 8. il; 9. lo; 10. la; 11. la; 12. il; 13. l'; 14. la; 15. il; 16. l'; 17. il; 18. la; 19. il; 20. la.
Übung 90: 1. vetro; chiavi; 2. casa; cancello; 3. libro; 4. cellulare; 5. biglietti; tasca; 6. acqua; soluzione; 7. appartamento; problemi.
Übung 91: 1. giallo; 2. azzurro; 3. rossi; 4. gialla; 5. nera; 6. verde; 7. marrone; 8. arancione; 9. viola; 10. bianca.
Übung 92: 1. gallo; 2. cane; 3. piccione; 4. uccello; 5. gabbiano; 6. topo; 7. ratto; 8. pesce; 9. zanzara; 10. passerotto.
Übung 93: 1. terzo; 2. ultimo; 3. muro; 4. mare; 5. sera; 6. cuore; 7. vita; 8. parola; 9. mamma; 10. pesci.

Übung 94: 1. panettiere; 2. macellaio; 3. giornalaio; 4. fioraio; 5. sarta; 6. fruttivendolo; 7. antiquario.
Übung 95: 1. d); 2. g); 3. f); 4. b); 5. c); 6. e); 7. a).
Übung 96: 1. c); 2. e); 3. a); 4. b); 5. i); 6. h); 7. d); 8. f); 9. k); 10. g).
Übung 97: 1. capello; 2. fianco; 3. faccia; 4. asso; 5. aquila; 6. gola; 7. voce; 8. parola; 9. marcia; 10. luna.
Übung 98: 1. bianco; 2. giallo; 3. nero; 4. rosso; 5. verde.
Übung 99: 1. Tagliare; 2. Ridere; 3. Rimandare; 4. Rispondere; 5. Rimanere; 6. Piangere; 7. Avere; 8. Rompere.
Übung 100: 1. il piacere; 2. il disgusto; 3. la pretesa; 4. la pazienza; 5. la felicità; 6. la difficoltà; 7. la possibilità; 8. il rischio.
Übung 101: 1. e); 2. a); 3. c); 4. f); 5. b); 6. d).
Übung 102: 1. la corsa; 2. la lettura; 3. la camminata; 4. la partenza; 5. l'indagine; 6. l'attesa; 7. il lavoro; 8. il sonno.
Übung 103: un gatto nero che attraversa la strada; il numero 17; il sale che cade; l'olio che si rovescia.

Abschlusstest

Übung 1: 1. le ciliegie/ciliege rosse; 2. le banane gialle; 3. i vestiti azzurri; 4. le borsette rosse; 5. le scarpe di vernice; 6. i fazzoletti bianchi; 7. le tovaglie ricamate; 8. i maglioni di lana vergine.
Übung 2: 1. Luisa le ha lasciato il libro. 2. Roberto gli ha regalato un nuovo lettore di CD. 3. Rosalba lo ha lasciato dopo anni di fidanzamento. 4. Ieri sera li abbiamo lasciati fuori dal cinema. 5. Ho comperato i biglietti per il teatro, ma li ho lasciati a casa. 6. Un'altra volta gli faccio scegliere il film giusto. 7. Ho visto ieri Antonio, ma mi sono dimenticato di dirgli il segreto. 7. Le ho offerto un caffè.
Übung 3: 1. andare; 2. potere; 3. cercare; 4. logorare; 5. trovare; 6. finire; 7. piangere; 8. piantare; 9. lamentarsi; 10. vergognarsi.
Übung 4: 1. sta; 2. vedo; 3. porto; 4. indosso; 5. preferisco; 6. cadono; 7. è; 8. costa; 9. rimarrà; 10. dici.
Übung 5: 1. perciò; 2. quando; 3. piuttosto; 4. ma; 5. mentre; 6. durante; 7. perché; 8. purché; 9. affinché; 10. quindi.
Übung 6: 1. a); 2. c); 3. c); 4. b); 5. a); 6. a); 7. c).
Übung 7: 1. piccolissimo; 2. bassissimo; 3. simpaticissimo; 4. bravissimo; 5. elegantissimo; 6. sportivissimo.
Übung 8: 1. come; 2. di; 3. come; 4. che; 5. come; 6. che.
Übung 9: 1. piccolo; 2. basso; 3. antipatico; 4. brutto; 5. spesso; 6. grasso.
Übung 10: 1. accuratamente; 2. probabilmente; 3. velocemente; 4. pazientemente; 5. facilmente.
Übung 11: 1. creda; 2. sappia; 3. vada; 4. veda; 5. fossi; 6. abbia.